COMPRANDO TU PRIMERA CASA

Descubre los Pasos Esenciales y Preguntas que
Debes Hacer para Evitar Errores Catastróficos
antes de Comprar tu Primer Hogar

LELAND MEDINA

© **Copyright 2022 – Leland Medina - Todos los derechos reservados.**

Este documento está orientado a proporcionar información exacta y confiable con respecto al tema tratado. La publicación se vende con la idea de que el editor no tiene la obligación de prestar servicios oficialmente autorizados o de otro modo calificados. Si es necesario un consejo legal o profesional, se debe consultar con un individuo practicado en la profesión.

- Tomado de una Declaración de Principios que fue aceptada y aprobada por unanimidad por un Comité del Colegio de Abogados de Estados Unidos y un Comité de Editores y Asociaciones.

De ninguna manera es legal reproducir, duplicar o transmitir cualquier parte de este documento en forma electrónica o impresa.

La grabación de esta publicación está estrictamente prohibida y no se permite el almacenamiento de este documento a menos que cuente con el permiso por escrito del editor. Todos los derechos reservados.

La información provista en este documento es considerada veraz y coherente, en el sentido de que cualquier responsabilidad, en términos de falta de atención o de otro tipo, por el uso o abuso de cualquier política, proceso o dirección contenida en el mismo, es responsabilidad absoluta y exclusiva del lector receptor. Bajo ninguna circunstancia se responsabilizará legalmente al editor por cualquier reparación, daño o pérdida monetaria como consecuencia de la información contenida en este documento, ya sea directa o indirectamente.

Los autores respectivos poseen todos los derechos de autor que no pertenecen al editor.

La información contenida en este documento se ofrece únicamente con fines informativos, y es universal como tal. La presentación de la información se realiza sin contrato y sin ningún tipo de garantía endosada.

El uso de marcas comerciales en este documento carece de consentimiento, y la publicación de la marca comercial no tiene ni el permiso ni el respaldo del propietario de la misma.

Todas las marcas comerciales dentro de este libro se usan solo para fines de aclaración y pertenecen a sus propietarios, quienes no están relacionados con este documento.

Índice

Introducción — vii

1. Planea y ahorra — 1
2. Creando un historial crediticio temprano — 19
3. Entendiendo las hipotecas — 33
4. Cómo encontrar un agente hipotecario — 49
5. Encontrar tu casa — 69
6. Tu visión — 87
7. Proceso legal — 117
8. Las llaves de tu nuevo hogar — 141
9. Felices para siempre — 151
10. Cadena de acciones — 163

Conclusión — 167

Introducción

Todos soñamos con comprar nuestra primera casa, tener un lugar propio que podamos acomodar a nuestro gusto y que nos permita formar un verdadero hogar. Puede que en este momento comprar una casa parezca imposible, pero no es un sueño completamente fuera de tu alcance.

Claro, necesitarás mucha disciplina y, tal vez, ciertas restricciones durante un tiempo, pero es una meta que sin duda puedes lograr. Independientemente de la edad que tengas (es más, ¡entre más joven, mejor!), es posible crear planes de ahorro y una cadena de acciones que te acerquen cada vez más a los resultados que quieres.

El mercado inmobiliario siempre es incierto, y puede parecer un gran reto enfrentarte a él, pero la clave es la constancia y la organización. Existen planes de ahorro, apoyos financieros bancarios e incluso gubernamentales y algunos tips que podrán ayudar a que encuentres la casa de tus sueños por el precio adecuado para ti.

Además, nadie dice que en donde empieces es donde te tendrás que quedar. Puedes aprovechar para avanzar en tu escala de vivienda hasta lograr comprar el hogar que todo este tiempo has deseado.

Lo principal, es que entiendas las bases de la compraventa de inmuebles, las hipotecas y sus tipos, los otros tipos de apoyo a los que puedes acceder, las acciones previas que facilitarán la aceptación de tu propuesta y las maneras más eficientes para comenzar el proceso de búsqueda, que es exactamente lo que revisaremos en este libro, además de los mejores pasos a seguir durante toda esta experiencia, hasta llegar a la compra.

Con la cadena de acción correcta, en combinación con tu organización y disciplina, te permitirán llegar a esta meta de una manera que reduzca tu estrés y te permita disfrutar de tan gran logro. ¡Hazlo ahora!

1

Planea y ahorra

A DIFERENCIA de comprar casi cualquier otra cosa, no puedes esperar a una venta de Navidad para comprar una casa con un 70% de descuento. Los precios de la vivienda pueden bajar ocasionalmente, pero no tanto, una reducción más probable podría ser del 10 al 20%. Además, a diferencia de una venta de Navidad, nadie sabe cuándo podría ocurrir; es posible que tengas que esperar entre 5 y 10 años hasta que se produzca el próximo colapso inmobiliario para aprovecharlo.

Ahorrarás más durante estos años simplemente reemplazando el pago del alquiler por el pago de una hipoteca. Si ocurre una corrección de precios en el mercado inmobiliario, puedes aprovechar esta oportunidad para saltar a otro escalón de tu escalera inmobiliaria.

Para empezar, necesitarás una cierta cantidad de dinero. La buena noticia es que podría ser mucho menos de lo que piensas. Necesitas encontrar de dónde obtener las finanzas para cubrir el costo de la casa, e incluso más, ya que se acumulan algunos gastos adicionales en el proceso de compra. Parte del dinero puede provenir de un banco como una hipoteca (que discutiremos con mayor detalle más adelante), pero aún necesitarás el dinero para el depósito y otros costos.

Siempre es una buena idea planificar y administrar bien tus finanzas si no quieres seguir contando cada centavo antes de tu próximo salario en tus 40 e incluso 50 años. No he oído hablar de nadie lo suficientemente rico que no pueda administrar su dinero, y es especialmente útil comenzar a planificar el uso de tu dinero con anticipación si estás pensando en comprar tu primera casa.

Hay dos cifras importantes que debes comprender: 1) cuánto puedes pedir prestado 2) cuánto necesitas para el depósito En los viejos tiempos, podías comprar una casa con una hipoteca del 100 %, sin necesidad de tu propio dinero, y había hipotecas disponibles con pagos de interés solamente.

Ahora necesitas al menos un depósito del 5% y existen restricciones sobre la cantidad de dinero que puedes pedir prestado, según tu salario, puntaje de crédito y tus circunstancias.

¿Cuánto dinero puedes obtener? Una estimación aproximada que puedes usar para definir tus expectativas es multiplicar tu salario por 4.5 (salario combinado con tu pareja si estás comprando con otra persona) para ver cuánto puedes obtener de hipoteca. Diferentes bancos pueden tener requisitos adicionales, y algunos pueden darte incluso más, pero multiplicar por 4.5 es un buen punto de partida.

Si tu salario es de 20.000 dólares al año, puedes pedir prestados (20.000 dólares x 4.5 =) 90.000 dólares a un banco, lo que representaría el 95% del precio de una casa que cuesta unos 94,750 dólares. Deberás tener entonces un depósito del 5% por un total de $4,738, más otros costos de compra.

. . .

Alrededor del mundo, el crecimiento del precio de la vivienda ha sido mucho mayor que el crecimiento de los salarios durante muchos años, lo que hace que sea especialmente difícil para los compradores primerizos comprar en sus respectivos países, pero en algunas áreas, las casas están al alcance de una persona con un salario promedio.

Existen investigaciones en internet que identifican los lugares más asequibles para vivir, donde la hipoteca que se puede conseguir con un salario medio es mucho mayor que el precio medio de la vivienda.

Entonces, si nuestra pregunta es: '¿cuánto efectivo necesito?', la respuesta simple es: al menos el 5% del precio de la casa más los gastos de compra, pero esto puede volverse más complicado cuando miramos los detalles. Dependiendo de tu salario, puedes estimar qué depósito necesitas. Ahorrar para un depósito del 10 % puede llevar más tiempo, pero aumentará considerablemente las opciones disponibles para ti.

Si te encuentras en una etapa inicial de tu planificación y ahorro para el depósito, no te preocupes demasiado si los precios de la vivienda en tu área son más altos que lo que esperabas encontrar. Tu salario puede aumentar en un par de años, o puedes encontrar algún ingreso adicional, o los precios de la vivienda pueden bajar por alguna razón. Solo necesitas estar listo/a con tu depósito.

¿Qué pasa si tu salario no es suficiente? Podría haber otras soluciones: comprar con un amigo/a o un compañero para combinar el salario y así obtener una hipoteca más grande, o tal vez intentar ahorrar para un depósito más grande, considerar comprar una propiedad más pequeña para comenzar, buscar hogares en un área más alejada de la ciudad (donde los precios de la vivienda son más baratos).

Simplemente comienza a preparar el dinero para el depósito, pues así se pueden superar muchos obstáculos, y encontrarás una solución.

Incluso si solo puedes pagar un lugar muy pequeño, o en un área más barata, esto no es para siempre. Cuanto antes compres, más ahorros lograrás a largo plazo. Si no es absolutamente la casa de tus sueños (por ejemplo, si deseas vivir más cerca de tus amigos o familiares), no necesitas considerar la casa que estás comprando como el final del camino.

. . .

El covid-10 u otras emergencias sanitarias pueden distorsionar esta estadística, pero históricamente las personas se mudan de casa cada 5 a 7 años. Tu segunda compra será más fácil y no tendrás que preocuparte demasiado por el rápido crecimiento de los precios de las propiedades: los de tus propiedades también crecerán.

Existen, sin embargo, otros costos de compra. Para facilitar los cálculos y ejemplos, usaremos los números redondos $100,000 y $200,000 como precios de la vivienda: ¿Cuándo pagarlo? Tu abogado o agente seguramente pedirá que se le transfiera algo de dinero como depósito. Suele ser de una cantidad moderada, que mantendrán como pago a cuenta.

Es posible que se queden con todo o parte de este dinero para cubrir sus gastos si la compra no se realiza. Los abogados no comenzarán su trabajo hasta que no realices este pago a cuenta, por lo que hazlo con prontitud para evitar demoras.

. . .

Otro pago anticipado será para la revisión estructural, si has decidido hacer una. Es mejor hacerlo en las primeras etapas porque el resultado podría mostrar que algo anda mal con la propiedad, y es posible que desees renegociar el precio o retirarte por completo si no deseas lidiar con los problemas.

Esto no sucede a menudo, pero sucede.

Habrá costos que deberán ser liquidados el día del intercambio de contratos o antes. Tu abogado te enviará una declaración con todos los gastos mostrando cuánto pagar. Los corredores generalmente facturan poco después de que se completa la compra, y se pagan los costos de mudanza antes o el día de la mudanza.

Podría haber otros costos, como remodelación, compra de muebles y cosas nuevas para la casa, pero la mayoría serán discrecionales y más flexibles con el tiempo. El seguro del edificio debe pagarse en la fecha de intercambio de contratos o antes, pero puede pagarse con tarjeta de crédito.

· · ·

Cuando planifiques tus finanzas, agrega algunos fondos adicionales. Si no lo gastas, se quedará contigo y no habrás perdido nada. Pero puede ser muy valioso tener un buen ahorro a mano si necesitas algo extra con urgencia.

Cuando tengas un presupuesto objetivo para el depósito y otros costos, deberás comenzar a ahorrar lo más que te sea posible. Al mirar tus finanzas, si crees que no se podrá lograr conseguir el dinero en un tiempo razonable, solo necesitas ajustar el área en donde estás buscando para poder comprar una casa más barata, o necesitas planificar tu compra en un periodo a más largo plazo.

Al menos después de considerar los pasos a continuación y planificar tus acciones, sabrás que en una cantidad moderada de años puedes hacer tu oferta e iniciar el proceso. La buena noticia es que, si estás decidido o decidida a comprar tu propio hogar y estás preparado/a para esforzarte, lo más probable es que alcances tu objetivo antes.

. . .

Si eres joven, puede que incluso tengas una gran ventaja, debido a que los salarios de los jóvenes aumentan más rápido que la inflación y más rápido que los salarios promedio, ya que aprenderán nuevas habilidades y adquirirán más experiencia. ¡Hazlo lo más pronto posible!

Toma nota de tus ingresos actuales, la cantidad de hipoteca que puedes obtener, el precio de la vivienda al que puedes apuntar y el depósito que necesitas conseguir. Si te encuentras en una etapa muy temprana de planificación y no tienes casi nada ahorrado, necesitas planificar cómo puedes llegar al emocionante punto de tener el dinero listo.

El primer paso es revisar qué ingresos regulares tienes y cómo los gastas. ¿Gastas todo tu salario en cuanto llega a ti y después sufres en los últimos días antes de que aparezca el próximo en tu cuenta bancaria? Tienes que vigilar lo que haces y cómo gastas tu dinero. La forma más fácil es registrar todos tus gastos durante algún tiempo.

. . .

Muy a menudo, el solo hecho de estar al tanto de tus gastos te ayuda a administrar mejor tus finanzas. Puedes registrar tus gastos durante solo un par de meses para ver el patrón, o puedes decidir hacerlo hasta que compres tu casa. Este es un paso fácil y está completamente bajo tu control.

Hay elementos como tu salario actual, gastos de transporte u otras cosas, que no están bajo tu control. Incluso podría haber algún gasto adicional que no puedas controlar por completo, pero tomar notas es algo que sí puedes hacer.

Puedes mantener un registro diario (recomendable), semanal (que abre la posibilidad de que olvides algo) o mensual (en cuyo caso necesitas guardar todos los recibos y revisar los extractos bancarios y de tarjetas de crédito, lo que puede llevar mucho tiempo).

Este registro puedes hacerlo en papel, en la computadora o en tu dispositivo móvil, y hay algunas aplicaciones para hacerlo, simplemente haz lo que sea más fácil para ti.

Comienza a experimentar y ver qué funciona mejor para ti.

Si es un hábito completamente nuevo para ti, puedes abordarlo como cualquier otro hábito nuevo: necesitas hacerlo fácil, de lo contrario, probablemente lo abandonarás pronto, y además necesitas un recordatorio para no olvidarlo. Es más fácil recordar hacer un nuevo hábito si lo combinas con algo que ya haces.

Por ejemplo, si decides anotar tus gastos todos los días, ¿qué tal si lo haces después de cenar? ¿O durante la hora del almuerzo? ¿O inmediatamente después de haber gastado algo? Para hacerlo más fácil, puedes mantener la lista de lugares a los que vas con más frecuencia; en la cocina o en el escritorio y con un bolígrafo listo para hacer una nota. Lo notarás cuando estés cerca de él, y si tienes un bolígrafo listo, puedes escribir lo que necesites.

Si no te gusta el papel y prefieres utilizar tu teléfono, una de las opciones podría ser tomar notas mientras viajas al trabajo si usas el transporte público. Siempre hay minutos aquí y allá en los que estamos esperando algo, y puede ser bueno pasar el tiempo haciendo algo útil.

Es posible que pierdas algunos días al principio.

No dejes que te descarrile, solo graba todo lo que recuerdes la próxima vez. Será más fácil con el tiempo. Elógiate y siéntete bien cada vez que lo hayas hecho: has logrado otro pequeño paso hacia tu futura compra. ¡Ya tienes tu motivación para seguir adelante! Quieres comprar tu casa, y esta es tu primera acción, que llevará a la cadena de otras acciones.

Si conservas estos registros, puedes dárselos a tu prestamista para mostrarle cómo gastas tu dinero. ¡Será un fuerte indicador para ellos de que administras bien tu dinero! También necesitarás ver el patrón de tus gastos en la que se agrupan los gastos inevitables, como tus gastos de transporte, alquiler, comida y otros.

Puede haber otros costos que también quieras mantener, como la membresía del gimnasio, si es que quieres ser saludable y feliz, por ejemplo. Este puede ser un gasto discrecional, pero si te ayuda a sentirte bien, estar activo/a y motivado/a, entonces es dinero bien gastado.

Si aún vives con tus padres, no puedes mostrarle al banco que ya tienes gastos de manutención mensuales. Así que podrías decidir pagarles algo para el alquiler. Nunca es una mala idea contribuir de vez en cuando, y también será bueno para tus padres. Luego, cuando solicites una hipoteca, puedes mostrarle al banco que tienes gastos de alojamiento y que planificas tus gastos de vida mensuales y administras bien tus finanzas.

Entonces, ¿qué queda? ¿Hay algo en la lista de gastos que puedas evitar? Hay muchos consejos sobre cómo ahorrar costos diarios, por ejemplo, puedes tomar tu café en casa en lugar de ir a Starbucks en tu camino al trabajo. Si te gustan, date un capricho de vez en cuando para celebrar tus esfuerzos cuando tengas unos buenos ahorros durante el mes, y así lo disfrutarás más cuando tenga un significado especial para ti.

¿Estás comprando demasiada ropa cara? Quieres lucir bien; pero ¿puedes conseguirlo por la mitad del coste habitual?

· · ·

Cualquier almuerzo para llevar sería más barato que almorzar en un café, e incluso más barato que un sándwich en algún restaurante o cadena de comida rápida. También podría ser una opción más saludable, ¡un buen efecto secundario! Además, cocinar tu propia cena es más saludable y barato que la comida para llevar, al menos sabes lo que estás poniendo allí.

El primer paso para ahorrar dinero es comenzar con al menos algo, como ahorrar el 10 % de tus ingresos mensuales, por ejemplo. Aunque puede ser un poco incómodo al principio, después de un tiempo pasará desapercibido.

Abre una cuenta bancaria separada.

No es necesario que genere mucho interés, pero si da al menos algo adicional, sería aún mejor; te dará una gran satisfacción ver crecer tu dinero. Justo después de recibir tu salario, transfiere el 10% a tu cuenta de ahorros. Para que sea aún más fácil, organiza una orden permanente para el día después de recibir cada pago de salario.

. . .

Sugeriría comenzar con el 10% de tu salario mensual neto, y cuando sea más fácil, puedes aumentar el porcentaje. Si el 10 % suena aterrador y crees que podría ser demasiado difícil, comienza con el 5% o 10 o 5 o incluso 1 dólar. Esto debe convertirse en un hábito, así que comienza de a poco y hazlo crecer más tarde.

Comienza con otra cuenta donde puedas retirar el dinero sin penalización en caso de emergencia. Las cuentas de fácil acceso no suelen dar rendimientos con tasas de interés altas, pero se trata de crear el hábito de ahorrar. Hablaremos de generar más ingresos más adelante.

Si tienes una bonificación o un aumento de salario, inclúyelo por completo en tu bote de ahorros y celébralo para sentirte bien con el ahorro. Es mucho más fácil transferir el dinero adicional a otra cuenta de inmediato: no lo tenías antes y vivías de alguna manera, por lo que ciertamente puedes continuar bajo ese ritmo. Mientras tanto, tus ahorros crecerán más rápido, acercando cada vez más la gran compra.

También, comienza a planificar tus gastos mensuales. A estas alturas ya deberías saber cuánto necesitas realmente, cuánto puedes ahorrar y qué queda. Intenta dejar suficiente dinero para todas las necesidades, como domiciliaciones o transporte y comida. Además, recomendaría dejar algo de dinero adicional para cosas inesperadas para que no tengas que tomar el dinero de tu fondo de ahorro.

En cualquier caso, es importante tratar de evitar sacar dinero de tus ahorros. Haz que tu política sea que, en tu mente, tomar dinero de allí es inaceptable. Si al final del mes todavía te queda algo en este dinero adicional para imprevistos, transfiérelo a la cuenta de ahorros junto con tu transferencia mensual. La repetición y constancia es clave.

Celebra si lograste el mes sin sacar nada de tu cuenta de ahorros o si tienes algo adicional para transferir. ¡Bien hecho! Date un capricho con algo agradable para que te sientas bien con tus esfuerzos; aunque es mejor que no sea demasiado caro.

Cuando hayas acumulado algo de dinero y hayas establecido un hábito de ahorro, es hora de pensar en cómo tu dinero puede generar un ingreso adicional.

Cómo invertir es un tema muy amplio y está fuera del alcance de este libro, pero la idea principal es que tu dinero debe trabajar para ti y generar ingresos adicionales para ti.

Si piensas que no vas a necesitar tu dinero durante mucho tiempo, el abanico de opciones disponibles podría ser mayor. Pero si planeas comprar tu casa y usar tu dinero dentro de 1 a 5 años, necesitas algo más confiable donde puedas recuperar tu dinero rápidamente.

Una opción simple es una cuenta bancaria que genere intereses, pero desafortunadamente, debido a las tasas de interés muy bajas ahora, las cuentas de ahorro no dan grandes ganancias. Aún así, si depositas tu dinero en una cuenta de depósito, puede generar al menos algún rendimiento. Podría ser de 20, 30 o 100 dólares por año dependiendo del monto de tu depósito; y con las normas fiscales vigentes, estará libre de impuestos.

Si eliges una cuenta a plazo fijo, también te ayudará a evitar la tentación de echar mano de tu bote de ahorros. Protege tu dinero contra pérdidas y evita cualquier inversión riesgosa en esta etapa. Este no es un consejo de inversión, y debes consultar con un asesor financiero independiente, que puede brindarte un consejo experto en función de tu situación específica.

Considera también generar ingresos adicionales. Revisa qué cosas tienes y cuáles de ellas no necesitas. Podría haber algo que otras personas necesiten y por lo que estén dispuestas a pagar.

No sólo puedes hacer más espacio para ti al eliminar el desorden, sino que también necesitarás cargar menos a tu nuevo lugar, ¡y puedes agregar varios cientos de ingresos a tu bote!

Una de mis buenas amigas estaba muy feliz de generar un par de miles en eBay vendiendo sus cosas no deseadas antes de Navidad. El tiempo de Navidad puede ser especialmente bueno para esto, pero necesitas preparar todo bien antes.

2

Creando un historial crediticio temprano

INCLUSO SI NO SUCEDIÓ NADA especial con tu historial de crédito, incluso si nunca has usado tarjetas de crédito y nunca tomaste préstamos, es una buena idea verificar cuál es tu puntaje de crédito y qué detalles financieros se registran contra tu nombre. Los errores ocurren y crear un buen historial crediticio puede llevar de 2 a 5 años, por lo que es mejor que comiences lo antes posible.

Hay diferentes agencias, dependiendo del país en el que te encuentres, que mantienen estos registros y brindan datos a los prestamistas potenciales cuando están considerando las solicitudes. Sería importante asegurarte de consultar con tus bancos y asesores locales sobre la consulta de esta información.

. . .

La información proviene de diversas fuentes, en primera instancia, del censo electoral.

Esta información está disponible públicamente y contiene direcciones y los nombres de las personas que viven en ellas. También se ocupan los registros judiciales. Los registros judiciales sobre sentencias, decretos, arreglos voluntarios individuales, bancarrotas y otras órdenes judiciales de deuda muestran si una persona tiene antecedentes de problemas de deuda.

Otra opción es la búsqueda, dirección y datos vinculados.

Esto incluye registros de otros prestamistas o empresas que han buscado en el archivo de una persona cuando solicitó crédito, direcciones que están vinculadas a esa persona y otras personas que tienen una asociación financiera con la persona. Las grandes compañías de gas y electricidad hacen comprobaciones de crédito duras, y estas también entran en el archivo.

. . .

Se evalúan también los datos de la cuenta. Los bancos, las empresas de servicios públicos, las empresas de telefonía móvil y otras organizaciones comparten detalles del comportamiento de todas las cuentas en tarjetas de crédito o de tiendas, hipotecas, préstamos, cuentas bancarias, servicios públicos y contratos de telefonía móvil de los últimos seis años.

Existen expedientes que no están en el Expediente de Crédito, por ejemplo, los expedientes médicos, pues son confidenciales y no se comparten con nadie fuera del sistema médico. También, las cuentas de ahorro, pues, aunque muestran al solicitante de manera positiva como una persona financieramente responsable, los detalles de los ahorros no estarán en el historial crediticio ya que no son productos crediticios. Depende de ti asegurarte de mostrárselos al prestamista hipotecario cuando llegue el momento.

Tampoco se considera la raza, etnia, religión y otros detalles sociales. El salario no estará en el archivo de crédito, pero cualquier compañía de crédito lo preguntará en el formulario de solicitud. Sé consistente, ya que diferentes cifras en diferentes aplicaciones pueden causar confusión y rechazo.

. . .

Puedes verificar tu historial crediticio de forma gratuita, y es mejor que lo hagas incluso antes de tener el dinero para el depósito, para asegurarte de que no haya registros inesperados contra tu nombre. Desafortunadamente, sucede, y no querrás enterarte cuando tu banco comience a hacer verificaciones de crédito.

Al verificar temprano en el proceso, si encuentras algún problema con tus registros, aún tienes tiempo para corregirlo.

Podría ser tan simple como una dirección incorrecta, o una cuenta incorrecta, pero podría ser que a pesar de que pagas todas tus facturas a tiempo, un proveedor de telefonía móvil u otra compañía esté mostrando que no realizaste algunos pagos.

Es posible corregir los errores, pero llevará tiempo. Es por eso por lo que debes comenzar el proceso antes, para que tu calificación crediticia haya mejorado en el momento en que más lo necesitas, cuando tramites tu hipoteca.

. . .

Si no tienes historial crediticio, ahora es el momento de iniciarlo. Puedes ser una persona muy organizada y manejar tus finanzas a la perfección, pero de nada te servirá si el banco no puede ver tu historial crediticio, e inmediatamente te pondrán en un grupo de alto riesgo. Puedes iniciar tu historial crediticio simplemente solicitando una tarjeta de crédito. Es posible guardarla en algún lugar sin usarla si prefieres usar efectivo para poder administrar mejor tu dinero, pero sería recomendable hacer compras pequeñas todos los meses y pagar el saldo cada vez para construir una buena reputación crediticia.

¡Hazlo ahora! Regístrate con una compañía de crédito y obtén tu puntaje de crédito. ¿Algún error en tus registros?

Siempre paga tu saldo de crédito en su totalidad, no solo una cantidad mínima requerida por el proveedor de la tarjeta de crédito. Ten especial cuidado al principio ya que es muy fácil perder el primer pago, por eso, es una buena idea disponer desde el principio todo el saldo a pagar por domiciliación.

. . .

Además de ayudar a construir tu historial crediticio, pagar las compras con una tarjeta de crédito te brindará una mejor protección contra la pérdida de dinero en muchas situaciones, por ejemplo, cuando compras boletos de avión o pagas vacaciones.

Además, hay tarjetas de crédito que te devuelven algo de efectivo cuando realizas compras. La cantidad es solo algo así como 1-3%, pero ¿por qué no obtener algo adicional?

Vigila tu saldo bancario antes de que se deba realizar el pago con tarjeta de crédito, lo último que deseas es no tener suficiente dinero en el banco para pagar el Débito Directo, ya que eso tendrá un impacto negativo en tu puntaje de crédito.

Los prestamistas utilizan verificaciones de crédito impersonales automatizadas y, desafortunadamente, a menudo les resulta más fácil rechazar a algunas personas que investigar los problemas más a fondo.
    Los puntajes de crédito son utilizados por las

compañías de préstamos para predecir el comportamiento futuro en función del pasado.

Todos los prestamistas tienen sus propios criterios, y tu puntaje podría ser diferente con cada uno. Eso significa que el hecho de que una empresa no te acepte no significa que otra te rechace. Pero debes seguir las reglas para mejorar tu puntaje de crédito.

Verifica tu puntaje de crédito regularmente, especialmente antes de grandes compras. También es mejor verificar los registros de diferentes agencias, ya que diferentes prestamistas usan diferentes agencias de crédito y no hay garantía de que todos los registros sean idénticos.

Tener una tarjeta de crédito y siempre pagar el saldo en su totalidad es lo mejor que puedes hacer. Un historial de crédito corto no dará certeza a los prestamistas, por lo que es mejor solicitar una tarjeta de crédito lo antes posible y construir tu historial de crédito a lo largo de varios años.

. . .

Asegúrate de pagar todas tus facturas a tiempo y no te pierdas las fechas de vencimiento.

Soluciona cualquier error que surja en tus registros y vigila tus registros con regularidad. Si aún no lo has hecho, regístrate en el padrón electoral. No olvides cambiar tu dirección allí cuando te mudes para que los bancos puedan ver tu dirección correcta más tarde.

Verifica que todas tus direcciones registradas sean correctas. Es muy común olvidarte de cambiar tu dirección para todas tus cuentas, como tarjetas de crédito, teléfono móvil y muchos otros lugares, especialmente si ya no los usas.

A los bancos no les gusta nada inusual y pueden rechazarte si hay discrepancias en tus registros. Escribe a las agencias de crédito y pídeles que te desvinculen de cualquier expareja si tenían finanzas conjuntas. Esto evitará que tu historial crediticio te afecte. De la misma manera, un compañero de piso con mal historial crediticio también puede afectarte porque viven en el mismo domicilio, por lo que es buena idea estar pendiente.

· · ·

Desafortunadamente, cosas como sentencias tribunales por facturas impagadas se borran de tu registro solo después de un cierto número de años, por lo que, si tuviste uno, debes esperar varios años antes de solicitar una hipoteca. Pero sé positivo/a: tendrás más tiempo para preparar tus ahorros y podrías administrar más del 5% para el depósito, lo que facilitará tu solicitud.

Aplicaciones como seguros de coche, móviles, tarjetas de crédito, solo permanecen en tu expediente durante un año, por lo que sería mejor evitar múltiples aplicaciones durante varios meses antes de tu solicitud de hipoteca para evitar el rechazo. No vuelvas a presentar la solicitud inmediatamente después de un rechazo, pero si ocurre un rechazo, verifica si hay errores en tus archivos de crédito.

A veces sucede que un rechazo no se debe a un error, sino a búsquedas recientes. Así que no hagas demasiadas aplicaciones en un corto período de tiempo. Pagar el seguro mensualmente en lugar de la totalidad por adelantado (por ejemplo, para un automóvil) puede afectar tu puntaje crediticio.

. . .

Algunas compañías de seguros no solo cobran hasta un 40% adicional por esto, sino que también se puede registrar en tu archivo de crédito. Es mucho mejor pagar el total por adelantado. Antes de presentar la solicitud, siempre es una buena idea verificar con anticipación si cumples con los criterios de una empresa para evitar el rechazo, ya que eso puede dejar una marca adversa en tu registro.

Si no cumples con sus requisitos, simplemente no te postules a ese prestamista. Evita múltiples aplicaciones, que podrían ser rechazadas y dejar una mala huella en tu archivo, y busca calculadoras de elegibilidad. Sé consistente en tus formularios de solicitud.

Las empresas de calificación de fraude pueden detectar inconsistencias, como diferentes direcciones, diferentes números de teléfono móvil, títulos de trabajo y salarios inconsistentes.

Las inconsistencias pueden causar un problema y es posible que te rechacen sin darte una razón, lo que reducirá tu puntaje de crédito. Pagar el alquiler a tiempo puede mejorar tu puntaje crediticio. Hay esquemas en los que puedes registrarte y que utilizan la banca abierta para verificar los pagos, reportando la información a diversas agencias. Evita las empresas de reparación de crédito, ya que no todas utilizan procedimientos completamente legales. Si necesitas ayuda, ve a una agencia de asesoramiento de deuda sin fines de lucro.

Cancela las tarjetas de crédito y de tiendas no utilizadas.

Demasiadas de ellas y demasiado crédito disponible también podrían perjudicarte; mantén lo suficiente para crecer y mantener una buena calificación crediticia, y simplemente cancela lo que no necesitas.

Si estás tratando de obtener una cotización para un préstamo, pídele al prestamista que lo haga como una "búsqueda de cotización" y no como una "búsqueda de crédito".

Esto significa que, aunque la consulta aparecerá en tu informe crediticio, solo tú podrás verla, por lo que no afectará tu puntaje crediticio.

. . .

Nunca retires efectivo de tu tarjeta de crédito: esta es una gran señal de alerta para los prestamistas hipotecarios y es posible que te rechacen. Tampoco tomes un préstamo de día de pago, pues muchos prestamistas hipotecarios dicen abiertamente que rechazan a las personas que solicitan préstamos de día de pago: usarlos muestra que no puedes administrar tus finanzas e implica que existe el riesgo de que no puedas pagar los pagos mensuales de la hipoteca. Sólo mantente alejado/a.

La buena noticia es que incluso si hay algún problema con tu historial crediticio, se 'olvidará' después de un tiempo.

Solo comienza a revisarlo tan pronto como empieces a pensar en comprar para tener toda la información. La mayoría de los bancos revisarán 3 años de tu historial crediticio. Entonces, incluso si tienes algo negativo en tu archivo ahora, después de 3 años ya no será relevante. Solo usa este tiempo para preparar un depósito más grande, aumentar tu salario y mejorar tu calificación crediticia: ¡todavía son solo 3 años, no 20!

. . .

Si eres aún estudiante, es importante que sepas que la gran mayoría de los estudiantes que se gradúan de las universidades tienen un préstamo para estudiantes. La buena noticia es que, en términos de tu historial crediticio, los préstamos estudiantiles no se consideran deuda y no afectarán tu puntaje crediticio.

Sin embargo, esta deuda será parte de tus pagos mensuales y los bancos los tendrán en cuenta cuando calculen la asequibilidad de tu préstamo, por lo que debes tenerlo en cuenta también cuando prepares tu propio presupuesto. Existen reglas complicadas sobre cuándo y cuánto pagarás por tu préstamo estudiantil, y puedes consultar las reglas en el sitio web del gobierno.

Si recibes tus ingresos a través del salario, tus reembolsos se calcularán y deducirán de tu salario automáticamente. Verifica qué interés estás pagando en tu préstamo estudiantil porque si es más alto que el interés de la hipoteca valdrá la pena considerar pagar el préstamo estudiantil más rápido después de haber comprado tu primera propiedad, si tienes algunos fondos disponibles. Puedes pagarlo en cualquier momento y sin penalizaciones.

3

Entendiendo las hipotecas

Una hipoteca es un préstamo que las personas toman prestado de un banco u otra institución financiera y que está garantizado con una propiedad. Si algo sale mal con el préstamo y la persona no puede pagar los pagos mensuales, el banco puede tomar la propiedad y venderla para recuperar el dinero. De esta forma, el riesgo para el prestamista es menor para las hipotecas que para los préstamos sin garantía, por lo que las tasas de interés son mucho más bajas.

Cuanto mayor sea el depósito que tengas, mejores serán las tasas de interés que podrás encontrar. Los bancos consideran que, si estás dispuesto o dispuesta a poner el 20% o incluso el 30% de tu propio dinero en el costo de la casa, entonces el riesgo para ellos es menor. Entonces están dispuestos a darte un préstamo con una tasa de interés más baja.

La crisis financiera de 2007 – 2008 fue causada principalmente por el mal manejo de las hipotecas por parte de los bancos de EE.UU. y otros países. Antes había productos hipotecarios con 100% LTV (*Loan To Value*), lo que significaba que las personas podían comprar propiedades sin aportar nada de su propio dinero. Fue agradable: simplemente ibas, hacías una oferta por una propiedad, preparabas algunos documentos (muchos menos que en estos días) y después de varias semanas, tenías una casa.

Pero con la disponibilidad de dinero tan fácil, muchas personas no planificaron sus finanzas adecuadamente; no pudieron pagar sus hipotecas, y el mercado inmobiliario colapsó junto con todo el sistema financiero.

Hay muy pocos productos hipotecarios con LTV al 100% ahora, todos ellos hipotecas con garante, y los bancos suelen exigir al menos un 5% como depósito. Durante el turbulento año 2020, muchos prestamistas retiraron productos con 95% LTV. Pero desde entonces, muchos han regresado, y ahora hay varios disponibles; a medida que mejore la situación económica, muchos más regresarán.

Hay varios planes respaldados por el gobierno que tienen como objetivo brindar ayuda a los compradores primerizos para que entren en la escalera de la propiedad y para ayudar a los propietarios de viviendas actuales a dar el siguiente paso.

Sin embargo, la situación sigue cambiando y casi todos los años el gobierno introduce algo nuevo o cambia los esquemas existentes.

A pesar de esto, la tasa de interés aumentará todos los años a partir de abril de 2022 sumando la tasa del IPC (Índice de Precios al Consumidor) más un 2%. Tienes que pagar el préstamo del gobierno cuando pagas tu hipoteca o vendes tu casa. Cuando vendas tu casa, pagarás el porcentaje del préstamo sobre el valor de mercado o el precio de venta acordado, el que sea mayor.

Los pros son que puedes comprar una bonita casa nueva con 5 años de préstamo del gobierno sin intereses y un sexto año relativamente barato, podría ser más barato que alquilar y pagas solo un depósito del 5%. Sin embargo, los contras son que no puedes subarrendar tu casa, es una opción disponible solo para compradores por primera vez (por lo que, si tu pareja actualmente tiene otra casa o tuvo una antes, no calificarán), y solo se puede utilizar para viviendas de obra nueva.

Las viviendas de nueva construcción pueden tener un precio excesivo, lo que reducirá considerablemente el crecimiento del capital más adelante. Solo puedes tomar la hipoteca de ciertos prestamistas. La cantidad que debes del préstamo del gobierno aumenta si aumenta el valor de tu propiedad, y tendrás que pagar más.

Antes de comenzar a buscar la casa adecuada para comprar, deberás buscar el tipo de hipoteca adecuado para ayudar a realizar la compra. Existen diferentes tipos de préstamos: convencional, asegurado por gobierno, jumbo, tasa fija, tasa ajustable…

Un préstamo convencional es mejor para prestatarios con un buen puntaje crediticio, mientras que el préstamo jumbo es mejor para prestatarios con excelente crédito que buscan comprar una casa costosa. Un préstamo asegurado por el gobierno es benéfico para los prestatarios que tienen puntajes de crédito más bajos y no tienen mucho efectivo para el pago inicial.

La hipoteca de tasa fija resulta una buena opción para los prestatarios que desean la previsibilidad de los mismos pagos durante todo el préstamo, mientras que la hipoteca de tasa ajustable es ideal para los prestatarios que no planean quedarse en la casa por mucho tiempo y se sienten cómodos con el riesgo de pagos más grandes en el futuro.

Los préstamos convencionales no están respaldados por el gobierno federal y vienen en dos paquetes: conforme y no conforme. Como su nombre lo indica, un préstamo conforme "se ajusta" al conjunto de estándares establecidos por las agencias federales de vivienda, que incluyen crédito, deuda y tamaño del préstamo.

Los préstamos no conformes no cumplen con los estándares de las agencias federales. Pueden ser para casas más grandes, o pueden ofrecerse a prestatarios con crédito mediocre o que han experimentado catástrofes financieras graves, como una bancarrota.

Algunas ventajas de los préstamos convencionales son que se pueden utilizar para vivienda principal, segunda vivienda o propiedad de inversión. Los costos generales de endeudamiento tienden a ser más bajos que otros tipos de hipotecas, incluso si las tasas de interés son ligeramente más altas.

Puedes pedirle a tu prestamista que cancele el seguro hipotecario privado (PMI) una vez que hayas alcanzado el 20 por ciento de capital o refinanciar para eliminarlo y puedes pagar tan solo el 3 por ciento de los préstamos respaldados, además de que los vendedores pueden contribuir a los costos de cierre.

Los contras de los préstamos convencionales son que a menudo se requiere una puntuación FICO mínima de 620 o superior (lo mismo se aplica a la refinanciación), el pago inicial más alto que algunos préstamos del gobierno, debes tener una relación deuda-ingreso (DTI) de no más del 43 por ciento (50 por ciento en algunos casos).

. . .

Es probable que debas pagar el PMI si tu pago inicial es inferior al 20 por ciento del precio de venta. Se requiere documentación importante para verificar los ingresos, los activos, el pago inicial y el empleo.

Si tienes un puntaje de crédito sólido y puedes permitirte hacer un pago inicial considerable, una hipoteca convencional es probablemente tu mejor opción. La hipoteca convencional de tasa fija a 30 años es la opción más popular para los compradores de vivienda.

Las hipotecas jumbo tienen un nombre apropiado: estos préstamos están fuera de los límites de las agencias federales. Los préstamos jumbo son más comunes en áreas de mayor costo, donde los precios de las viviendas pueden superar los límites de préstamo conformes.

Las ventajas de este tipo de préstamo es que puedes pedir prestado más dinero para comprar una casa más cara, y, además, las tasas de interés tienden a ser competitivas con otros préstamos convencionales.

. . .

Los contras de este préstamo es que se necesita un pago inicial de al menos 10 por ciento a 20 por ciento, normalmente se requiere una puntuación FICO de 700 o superior, no se puede tener una relación DTI superior al 45 por ciento y se debe demostrar que tienes activos significativos en efectivo o cuentas de ahorro. Por lo general, requieren documentación más detallada para calificar.

Sin embargo, si en general estás buscando financiar una suma de dinero mayor que los últimos límites de préstamo conformes y sabes que eres capaz de pagarlo, un préstamo jumbo es probablemente tu mejor ruta.

También están los préstamos asegurados por el gobierno.

Los gobiernos no son prestamistas hipotecarios, pero desempeñan un papel en ayudar a más personas a convertirse en propietarias de viviendas. El tipo de préstamo y sus condiciones, así como las dependencias que los manejan, dependerán del país en el que te encuentres.

· · ·

Este tipo de préstamos tiene grandes ventajas, como ayudarte a financiar una casa cuando no calificas para un préstamo convencional, los requisitos de crédito son más relajados, no necesitas un gran pago inicial, están disponibles para compradores que repiten y por primera vez y no se requiere seguro hipotecario ni pago inicial para estos préstamos.

Sin embargo, los contras son que las primas de seguro hipotecario obligatorias no se pueden cancelar a menos que se refinancien en una hipoteca convencional, los límites de préstamo son más bajos que las hipotecas convencionales en la mayoría de las áreas, lo que limita el inventario potencial para elegir y el prestatario debe vivir en la propiedad (aunque es posible que pueda financiar un edificio de unidades múltiples y alquilar otras unidades).

Podrías enfrentar costos de endeudamiento generales más altos y debes esperar proporcionar más documentación, según el tipo de préstamo, para demostrar la elegibilidad.

. . .

Si no puedes calificar para un préstamo convencional debido a un puntaje crediticio más bajo o ahorros limitados para el pago inicial, los préstamos respaldados por el gobierno son una excelente opción. Para los miembros del servicio militar, los veteranos y los cónyuges elegibles, los préstamos respaldados por el gobierno suelen ser mejores que un préstamo convencional.

Las hipotecas de tasa fija mantienen la misma tasa de interés durante la vigencia de tu préstamo, lo que significa que tu pago hipotecario mensual siempre permanece igual. Los préstamos fijos generalmente vienen en plazos de 15 o 30 años, aunque algunos prestamistas permiten a los prestatarios elegir cualquier plazo entre ocho y 30 años.

Los pagos mensuales de capital e intereses permanecen iguales durante la vigencia del préstamo, y una gran ventaja es que puedes presupuestar con mayor precisión otros gastos mes a mes. Sin embargo, un gran contra es que, generalmente, necesitas pagar más intereses con un préstamo a más largo plazo y las tasas de interés suelen ser más altas que las tasas de las hipotecas de tasa ajustable (ARM).

· · ·

Si planeas permanecer en tu hogar durante al menos cinco a siete años y deseas evitar posibles cambios en tus pagos mensuales, una hipoteca de tasa fija es adecuada para ti.

Y, a diferencia de la estabilidad de los préstamos de tasa fija, las hipotecas de tasa ajustable (ARM, por sus siglas en inglés) tienen tasas de interés fluctuantes que pueden subir o bajar según las condiciones del mercado.

Muchos productos ARM tienen una tasa de interés fija durante algunos años antes de que el préstamo cambie a una tasa de interés variable por el resto del plazo. Por ejemplo, es posible que veas una ARM de 7 años/6 meses, lo que significa que su tasa permanecerá igual durante los primeros siete años y se ajustará cada seis meses después de ese período inicial.

Si consideras un ARM, es esencial leer la letra pequeña para saber cuánto puede aumentar su tasa y cuánto podrías terminar pagando después de que expire el período introductorio, así que es importante tomar esto en cuenta.

Un gran pro es que cuentan con la tasa fija más baja en los primeros años de propiedad de la vivienda (aunque esto no es una garantía; últimamente, las tasas fijas a 30 años en realidad se han mantenido al ritmo de las ARM 5/1), y se puede ahorrar una cantidad sustancial de dinero en pagos de intereses.

Sin embargo, los pagos mensuales de la hipoteca podrían volverse inasequibles, lo que resultaría en un incumplimiento del préstamo. Además, el valor de la vivienda puede caer en unos pocos años, lo que dificulta la refinanciación o la venta antes de que se restablezca el préstamo.

Si no planeas quedarte en tu hogar más allá de unos años, un ARM podría ayudarte a ahorrar en el pago de intereses. Sin embargo, es importante sentirte cómodo/a con un cierto nivel de riesgo de que tus pagos puedan aumentar si todavía estás en la casa.

. . .

Además de estos tipos comunes de hipotecas, existen otros tipos que puedes encontrar al buscar un préstamo:

- Préstamos para la construcción: si deseas construir una casa, un préstamo para la construcción puede ser una buena opción. Puedes decidir si deseas obtener un préstamo de construcción por separado para el proyecto y luego una hipoteca por separado para pagarlo, o unir los dos (lo que se conoce como préstamo de construcción a permanente). Por lo general, necesitas un pago inicial más alto para un préstamo de construcción y una prueba de que puedes pagarlo.
- Hipotecas de solo interés: con una hipoteca de solo interés, el prestatario paga solo el interés del préstamo durante un período de tiempo determinado. Después de ese tiempo, generalmente entre cinco y siete años, su pago mensual aumenta a medida que comienza a pagar su capital. Con este tipo de préstamo, no acumularás capital tan rápido, ya que inicialmente solo pagas intereses. Estos préstamos son mejores para aquellos que

saben que pueden vender o refinanciar, o para aquellos que razonablemente pueden esperar pagar el pago mensual más alto más adelante.

- Préstamos superpuestos: un préstamo superpuesto, también conocido como préstamo 80/10/10, en realidad implica dos préstamos: uno por el 80 por ciento del precio de la vivienda y otro por el 10 por ciento. Luego, se realiza un pago inicial del 10 por ciento. Estos están diseñados para ayudar al prestatario a evitar pagar el seguro hipotecario. Si bien eliminar esos pagos de PMI puede sonar atractivo, debes tener en cuenta que los préstamos combinados requieren dos conjuntos de gastos de cierre y dos préstamos que devengan intereses. Deberás analizar los números para averiguar si realmente estás ahorrando suficiente dinero para justificar este arreglo poco convencional.
- Hipotecas globales: otro tipo de préstamo hipotecario que puedes encontrar es una hipoteca global, que requiere un pago grande al final del plazo del préstamo. Por lo general, realizarás pagos en función de un plazo de 30 años, pero solo por un período breve, como siete años. Al final de ese

tiempo, harás un gran pago del saldo pendiente, que puede ser inmanejable si no estás preparado/a. Puedes usar la calculadora global de hipotecas de Bankrate para ver si este tipo de préstamo tiene sentido para usted.

Ahora que tienes una idea del tipo de préstamo adecuado para la compra de tu casa, es hora de encontrar el prestamista hipotecario adecuado para hacerlo realidad. Cada prestamista es diferente, y es importante comparar precios para encontrar los mejores términos que se ajusten a tus finanzas. Desde el banco tradicional y las cooperativas de crédito de un vecindario hasta las compañías hipotecarias sólo en línea, hay una amplia gama de opciones para elegir el mejor prestamista.

Como los esquemas de ayuda para comprar vienen con varias restricciones, si puedes aprovecharlos o no dependerá de tus circunstancias personales o tus propias preferencias.

. . .

Es una buena idea discutir estas opciones con un asesor hipotecario, ya que tienen fácil acceso a herramientas para considerar diferentes escenarios y asesorarte sobre lo que puedes esperar.

En general, hay muchas más casas en el mercado secundario que propiedades de nueva construcción que califican para los esquemas gubernamentales. Además, las propiedades de nueva construcción tienden a ser mucho más caras, ya que los desarrolladores quieren obtener ganancias rápidamente.

Eso significa que el crecimiento del capital de una casa nueva será mucho más bajo durante los primeros años, y en un mercado inmobiliario turbulento pueden caer más rápido y más bajo que otras casas en el área.

4

Cómo encontrar un agente hipotecario

Cuando decidas que estás listo/a para comenzar a buscar tu casa, entonces es hora de reunirte con un asesor hipotecario para analizar tus oportunidades de financiamiento. Es posible que más tarde decidas tomar la hipoteca directamente de un banco, pero reunirte con el asesor suele ser gratuito, y conocerlo primero te dará una mayor comprensión de lo que necesitas buscar.

Y, por otro lado, si te encuentras con un asesor del banco, estás restringido/a solo a sus propios productos y estás obligado u obligada a vendérselos. Por lo tanto, estarás mejor preparado/a si ya sabes lo que necesitas en ese momento.

. . .

Un buen asesor hipotecario independiente tendrá acceso a muchas herramientas útiles e información de mercado diferentes, y podrá analizar tus números específicos y brindarte asesoramiento personalizado.

La mayoría de los prestamistas trabajan a través de una red de asesores hipotecarios, y normalmente no hay gran diferencia si vas directamente al banco. Sin embargo, hay algunos prestamistas que prefieren hipotecas 'directas únicamente'. Puedes preguntarle a tu asesor acerca de ellos, y tú mismo/a puedes consultar sus sitios web para decidir si vale la pena hablar con estos bancos.

Hay ventajas en tomar una hipoteca a través de un asesor hipotecario: ellos analizarán tu situación y solo aconsejarán considerar a los bancos donde tienes buenas posibilidades de recibir la oferta de hipoteca. Lo último que deseas es un rechazo, ya que permanecerá en tus registros de historial crediticio.

Además, brindan ayuda útil en todas las etapas, desde la preparación de documentos hasta su finalización, lo que ahorra mucho tiempo y estrés. Es mucho más fácil contactar con ellos que con los bancos, ya que en muchos grandes bancos solo tienes acceso a ellos a través de centros de llamada sin un contacto personal. Como resultado, es posible que hables con diferentes personas cada vez que no sabrán mucho sobre tu caso.

Si lo buscas en Google, verás que hay muchos lugares donde puedes encontrar un asesor hipotecario. Pero como con muchos servicios, podría ser mejor pedir recomendaciones a amigos y familiares.
Qué tener en cuenta a la hora de elegir al asesor

¿Trabajan con todo el mercado? Algunos corredores hipotecarios trabajan solo con un panel de prestamistas específicos y promocionan sus productos. Estas podrían ser buenas hipotecas también, pero es mejor tener información sobre todos los proveedores para poder comparar. Solo pregunta cómo funciona la dinámica de tu asesor.

¿Cómo se pagan sus honorarios? Los asesores reciben la mayor parte de sus honorarios del prestamista. Sin embargo, algunos cobran una cantidad fija, generalmente después de completar la venta, pero es mejor preguntar.

. . .

¿Qué está incluido en su servicio? ¿Ayudarán con la preparación de los documentos y la comunicación con el prestamista en su nombre? ¿Están disponibles fuera del horario habitual de oficina? Puede haber algunas situaciones en las que necesites ayuda urgente, y reduzcas considerablemente tu estrés si puedes recibir respuestas rápidamente.

¿Qué hipoteca elegir? La mayoría de las personas saben que quieren la tasa de interés más baja posible, ya que esto afectará sus pagos mensuales y, finalmente, cuánto pagan al banco (y que se pierde de la misma manera que el alquiler).

Pero hay muchos otros parámetros que también afectarán a la tasa de interés de la hipoteca.

Primero está el monto del depósito y qué hipoteca puedes obtener. Sí, solo tienes una cierta cantidad de dinero. Pero puedes comprar una casa más cara con un depósito del 5% y una hipoteca LTV del 95%, o comprar una casa más barata donde tengas suficiente para un depósito del 10% y una hipoteca LTV del

90%. En cada escenario, las tasas de interés diferirán considerablemente.

También puedes buscar en línea; hay varios sitios de comparación útiles para elegir. Estas herramientas pueden ser particularmente útiles ya que puedes ingresar tus propias cifras y ver el costo de tu hipoteca para una casa en particular. Algunos sitios no muestran información sobre todo el mercado, debe investigar más a fondo yendo directamente a los sitios web de los prestamistas y hablando con un agente hipotecario.

Al considerar diferentes hipotecas, deberás elegir entre una hipoteca de tasa fija o una tasa variable. Las tasas de interés son diferentes para las hipotecas fijas y de seguimiento, lo que refleja lo que el mercado (y el banco) esperan que suceda: ¿Irán la tasa base y otras tasas de interés? ¿arriba o abajo?

Si se espera que la tasa base suba pronto, muchos bancos comenzarán a aumentar sus tasas fijas ahora para reflejar que dentro de 2 o 5 años las tasas de interés serán más altas.

· · ·

Las tarifas de seguimiento pueden permanecer más bajas durante algún tiempo, pero también aumentarán cuando aumente la tarifa base.

A menudo, hay productos similares que tienen diferentes tarifas de arreglo de hipoteca y diferentes tasas. A mayor comisión de tramitación de la hipoteca, menor interés. La tarifa de tramitación de la hipoteca se añade al préstamo en la mayoría de los casos, por lo que no es una gran diferencia en términos de efectivo requerido, pero la tasa de interés será diferente.

¿Qué deberías elegir? Este es un juego de números, y no hay una respuesta sencilla, ya que depende del precio de la vivienda. Puedes calcular el interés total + la tarifa durante el período de plazo fijo para diferentes opciones y comparar, o el asesor hipotecario puede hacerlo por ti.

Si deseas aprovechar las tarifas bajas ahora y arreglarlo por algún tiempo, ¿por cuánto tiempo? Las tasas de interés son diferentes para las hipotecas de tasa fija de 2 años y de tasa fija de 5 años.

· · ·

También hay algunas ofertas de 10 años disponibles e incluso más. Lo que sería mejor para ti dependerá de tus circunstancias.

Las hipotecas de tasa fija vienen con una multa, llamada ERC (cargos por pago anticipado), si eliges pagar la hipoteca antes del plazo completo. Cuanto más largo sea el período fijo que obtengas, mayor será la sanción. Si planeas quedarte en la misma casa durante 10 años, puedes manejar la hipoteca por ese tiempo. Por otro lado, si crees que podrías querer cambiar tu trabajo y ubicación en 5 años, puedes considerar un período fijo más corto.

¿Qué plazo de hipoteca elegir? El plazo de la hipoteca es el tiempo en que se devolverá la hipoteca de amortización.

Históricamente, la mayoría de la gente tomaba hipotecas a 25 años, pero ahora hay productos con plazos de pago de 30 y 40 años. Los pagos mensuales de la hipoteca son más bajos durante 30 años que durante 25 años, ya que el pago de capital se distribuye en un período más largo, pero pagarás más intereses, incluso con la misma tasa, ya que será más largo.

Por ejemplo, para una hipoteca a 40 años, los pagos mensuales no son la mitad de los de una hipoteca a 20 años. Esto se debe a que pagarás más intereses y, cuanto mayor sea la tasa de interés, menor será la reducción.

Cuando consideres el plazo de la hipoteca, es posible que desees optar por opciones más seguras y más largas. Debes pagar tu monto mensual, y si eso te presiona, encontrarás que cada mes podría ser estresante. Si tardas 30 años en pagar en lugar de 25, tu pago mensual estándar será más bajo.

Cuando tengas algo de dinero extra, puedes aplicarlo contra tu hipoteca como un sobrepago. Por lo general, se permite un sobrepago de hasta el 10%, por lo que obtienes el mismo resultado, pero con mucho menos estrés.

. . .

Si decides utilizar uno de los esquemas de ayuda para comprar del gobierno, podría haber otras limitaciones que compliquen aún más la situación. Esa es una de las razones por las que hablar con un asesor hipotecario puede ayudar a que los cálculos de las diferentes opciones sean más rápidos.

Echa un vistazo a las casas que están disponibles ahora y discute con el asesor qué hipotecas están disponibles para ti.

Al comparar diferentes opciones, presta atención a otras tarifas.

Algunos prestamistas brindan una valoración de la propiedad de forma gratuita, pero algunos exigen el pago de esta; algunos requieren que cubras sus honorarios legales y otros lo hacen de forma gratuita. ¡Incluso hay algunos productos con devolución de efectivo! Todo suma.

Tener un depósito más grande reducirá tus pagos mensuales más adelante, ya que las tasas de interés para las hipotecas de menor LTV también son más bajas. Averigua y considera cuánto extra puedes pagar por tu hipoteca sin penalización.

Normalmente los bancos te permiten pagar hasta un 10% más de capital sin cobrarte por ello.

Tu salario podría aumentar, o podrías recibir una bonificación o algún otro efectivo adicional que puedas pagar contra tu hipoteca. Pagar la hipoteca más rápido puede reducir considerablemente la cantidad total de intereses que paga a lo largo de los años.

Pagar de más una hipoteca del 3% durante 25 años con solo $100 adicionales por mes te ahorrará más de $15,000 en pagos de intereses durante todo el plazo. Además, adelantarás considerablemente la fecha en la que no tendrás hipoteca.

Habla con el asesor hipotecario sobre qué tipo de hipoteca podría ser más adecuada para ti. Debido a que las tasas de interés son muy bajas ahora, muchas personas quieren fijar su tasa durante algún tiempo, por lo que las hipotecas de tasa fija son muy populares en este momento. Sin embargo, otros tipos pueden brindar algunos beneficios, como una mayor flexibilidad o la oportunidad de pagar más de más, lo que será útil si esperas tener fondos libres.

¿Qué exigen los bancos? Al considerar otorgar una hipoteca a alguien, los bancos y las compañías de préstamos considerarán en primer lugar la asequibilidad de los pagos mensuales para ti y tu historial crediticio. Todos los bancos tienen sus propios criterios y no se publican, pero un asesor hipotecario con experiencia sabrá lo que requiere cada banco, por lo que reunirte con un asesor hipotecario puede ayudarte a navegar entre los diferentes requisitos.

El asesor hipotecario analizará tu situación específica y te aconsejará sobre tus opciones. Obtener una hipoteca no está garantizado porque los compradores primerizos se consideran prestatarios más riesgosos. Por lo tanto, para aumentar tus posibilidades, debes comprender qué buscarán los prestamistas cuando consideren otorgarte la hipoteca y cuánto.

. . .

Los bancos están dispuestos a otorgar préstamos a las personas para que obtengan su propio beneficio y, por supuesto, necesitan compradores para sus negocios, pero quieren asegurarse de que tú seas un prestatario responsable que pueda administrar sus finanzas y pagar todos los montos acordados a tiempo.

Los bancos verificarán al menos 3 años de tu historial de crédito para ver patrones, e incluso un solo pago atrasado de tu factura de teléfono móvil puede ser una señal de alerta.

Asegúrate de que no se te hayan pasado débitos directos registrados porque no tenías suficiente dinero en tu cuenta, y siempre paga todos los saldos de las tarjetas de crédito en su totalidad.

Los bancos comprobarán tu salario y tendrán en cuenta cualquier otro ingreso. ¿Ganas suficiente dinero para pagar la hipoteca? Hay ciertos criterios de asequibilidad y los bancos no te darán más de lo que puedes pagar en pagos mensuales. Diferentes bancos usan diferentes multiplicadores, pero se emitieron nuevas reglas después del colapso del mercado financiero en 2007/08 que restringen la cantidad de dinero que los bancos pueden prestar.

Si estás comprando con un socio, se considerarán sus salarios combinados. Además, cualquier ingreso no regular, como bonos, podrían tenerse en cuenta, aunque no en su totalidad, ya que no es seguro cuánto recibirán en el futuro.

Los bancos también verifican los datos de fraude. Es posible que nunca hayas cometido un fraude, pero si alguien ha robado tu identidad y ha cometido un fraude, esto quedará en sus registros. El banco verificará tus gastos mensuales regulares, pagos de deudas regulares como un préstamo estudiantil, facturas de servicios públicos, costos de transporte, comestibles y costos de ocio.

Por lo tanto, para demostrar que tienes suficiente dinero todos los meses para pagar tu hipoteca, podría ser una buena idea gastar menos en ropa, vacaciones costosas y otros gastos discrecionales durante los meses previos a la solicitud de una hipoteca. Deja que el banco se encargue de que te quede suficiente efectivo todos los meses. Tu hábito de mantener registros será útil aquí, ya que puedes mostrárselo al prestamista.

. . .

¡EVITA pagos a cualquier sitio de apuestas! Incluso los pagos pequeños a los sitios de lotería pueden generar dudas en el banco. Los bancos te preguntarán sobre el origen de tu dinero para el depósito y verificarán dos veces lo que les digas. En la mayoría de los casos, serán tus ahorros y el banco verificará que el dinero estuvo en tu cuenta durante 3 a 6 meses antes de presentar la solicitud. Por esta razón, es una buena idea juntar el dinero por adelantado.

Algunos bancos han introducido restricciones sobre cuánto pueden ayudarte tu mamá, tu papá o cualquier otra persona, pero otros aceptarán un depósito completo de otra persona. En este caso, te pedirán una carta de tus padres u otro benefactor sobre el regalo o el préstamo, sean cuales sean los arreglos que tengas. Este es otro asunto para discutir con el asesor hipotecario para determinar cuál sería la mejor manera en tus circunstancias.

Mantente alejado/a de los sobregiros. Aunque es una herramienta útil en algunas ocasiones, si utilizas un sobregiro bancario con regularidad, ilustra que estás constantemente sin dinero. Algunos prestamistas no te darán una hipoteca si utilizaste tu sobregiro en los últimos tres meses.

Algunos bancos le prestarán más a un buen prestatario, por lo que es tu tarea demostrarles que tú eres un buen prestatario. Algunos prestamistas también tendrán en cuenta cualquier ingreso adicional que puedas tener, por ejemplo, bonos.

Para obtener AIP (Acuerdo en principio), deberás presentar la solicitud de hipoteca como de costumbre. El banco evaluará tu situación incluso antes de que encuentres una casa y te confirmará cuánto te prestará. Esto te dará certeza para que sepa qué casas buscar y le mostrará al agente que eres un comprador serio.

Los documentos que deberás proporcionar para la solicitud de hipoteca son los siguientes:

- Identificación personal con foto: pasaporte o licencia de conducir
- Comprobante de domicilio: se aceptan facturas de servicios públicos, extractos

bancarios y cartas, pero la mayoría de los bancos no aceptarán facturas de teléfonos móviles
- Comprobante de tus ingresos: recibos de pago de su trabajo de los últimos 3 meses, y algunos requerirán una carta de tu empleador para confirmarlo
- Extractos bancarios de todas tus cuentas de los últimos 3 meses
- Si tienes otras fuentes de ingresos, también deberás proporcionar información sobre ellas

Debes estar preparado/a para responder preguntas sobre tus préstamos actuales u otras obligaciones y proporcionar documentos al respecto. Si solicitas una hipoteca junto con una o más personas, todos los involucrados deberán proporcionar esta información. Sin embargo, debes tener en cuenta que es casi imposible encontrar una hipoteca para cuatro personas; e incluso con 3 personas no tendrás una gran variedad de bancos.

Podría ser más fácil administrar el papeleo si recurres a un asesor hipotecario.

. . .

Proporciona todos estos documentos una sola vez al asesor hipotecario, y él/ella los utilizará para hablar con varios bancos y preparar otras solicitudes.

Agrega algo más de dinero para el depósito, incluso solo 100 dólares adicionales por encima del mínimo aumentarán tus posibilidades de ser aceptado/a. Si planeas tener hijos, es mejor que comiences a comprar la casa y solicite la hipoteca antes de eso. Los niños son muy caros, y el banco restringirá cuánto te prestarán teniendo en cuenta el costo adicional del bebé. Como resultado, es posible que no puedas obtener la hipoteca 4.5 veces de tu salario anual.

Las personas que trabajan por cuenta propia suelen ser conscientes de que es mucho más difícil obtener una hipoteca, ya que los ingresos de los trabajadores por cuenta propia no son tan estables como un salario, y los bancos consideran que estos prestatarios son más riesgosos. Pero no es imposible.

Hay bancos que se especializan en brindar dichos productos y que están preparados para analizar tus circunstancias personales. Puede ser más fácil encontrar dichos prestamistas a través de un asesor hipotecario, ya que tienen más información disponible para ellos.

Tendrás que demostrar tus ingresos no solo por 3 meses, sino por un período más largo, más como 3 años. Te pedirán confirmación sobre las declaraciones de impuestos enviadas y los impuestos pagados, y te pedirán cuentas bancarias, tanto comerciales como personales, durante 3 años.

Si tienes un negocio estable que te reporta buenos ingresos, solo necesitas planificar la compra de tu vivienda y contar con suficiente preparación a la hora de solicitar la hipoteca. Intenta pedir a todos tus clientes que paguen a través del banco, si recibes mucho dinero en efectivo, debes depositar el dinero en tu cuenta bancaria para poder demostrar tus ingresos más adelante.

Como persona que trabaja por cuenta propia, es posible que necesites un contador profesional para preparar las cuentas de tu negocio y puedes mostrárselas al banco. Los honorarios del contador son deducibles de impuestos, por lo que tu pérdida total es menor que la cantidad que paga. Además, el contador puede ahorrarte dinero en impuestos y darte buenos consejos para facilitar tu solicitud de hipoteca.

Trata de ahorrar para un depósito más alto, ya que tus posibilidades de ser aprobado/a serán mucho mayores.

Es posible que debas demostrar ingresos más altos que si estuvieras empleado/a, ya que lo más probable es que el banco acepte prestarte una cantidad menor que si estuvieras empleado/a con los mismos ingresos.

Si tu pareja tiene un trabajo, puede ser útil si presentan una solicitud juntos. Si estás considerando renunciar a tu trabajo para comenzar un negocio, es posible que desees solicitar la hipoteca primero, mientras todavía tienes un trabajo.

Después de eso, puedes continuar con tu sueño y convertirte en un emprendedor.

. . .

La primera hipoteca es la más difícil; más tarde, incluso si trabajas por cuenta propia, tendrás un historial como buen prestatario y volver a hipotecar puede ser más fácil. Simplemente fija la primera hipoteca por algún tiempo para darle un período más largo para desarrollar tu negocio antes de que necesites volver a hipotecar.

5

Encontrar tu casa

Esta es la parte divertida, mucho más interesante y emocionante. Lo ideal es que tengas listos el dinero del depósito y la oferta de la hipoteca, de modo que puedas competir con éxito con otros compradores como tú, y estés listo/a para hacer una oferta.

Aunque muchas personas no te recomendarían buscar la propiedad hasta que estés completamente listo/a con tus finanzas para ahorrar tiempo y posibles decepciones, algunas búsquedas en línea pueden prepararte y darte conocimiento del área elegida, qué precios puedes esperar, para que no te dejes engañar por los precios demasiado altos de algunas casas.

. . .

Esto es especialmente importante si no vives en el área y no sabes mucho al respecto.

La ubicación es un factor importante para determinar los precios de la vivienda, y hacer una búsqueda adecuada de la ubicación y precios en el área puede ahorrarte decenas de miles de dólares, incluso cientos de miles a largo plazo.

La importancia de una buena ubicación se enfatiza en todas partes, tanto en línea como en la televisión. Ciertamente, debes tratar de comprar en la mejor ubicación posible por el dinero que tienes. Sin embargo, si comprar en la mejor ubicación significa una gran demora mientras preparas tu depósito más grande, puedes comenzar por buscar otras áreas con precios más asequibles y que lo consideres solo como tu primer paso en la escalera. Tus finanzas serán mucho mejores a largo plazo si comienzas temprano.

Hay sitios web inmobiliarios considerados como sumamente importantes y que tienen su peso en diversas zonas.

· · ·

También hay algunos recién llegados que intentan llegar al mercado y ofrecer algo mejor, pero su porcentaje de casas en venta es menor. Estas opciones podrían ser útiles en un mercado de rápido movimiento, ya que anuncian propiedades 24 horas antes que los principales sitios web.

Si tienes tiempo para buscar todos los recursos, puedes encontrar algo especial en otros sitios web; pero para ahorrar tiempo puedes utilizar sitios mucho más establecidos, pues tienen mucha información sobre tendencias, precios actuales y precios históricos; y cuando se trata de comprar, será mejor que mires toda la información disponible, ya que puede salvarte de un gran error potencial.

Puedes buscar áreas con criterios específicos, como número de dormitorios, código postal o varios códigos postales.

También hay herramientas para dibujar tú mismo/a las áreas de búsqueda en el mapa, incluyendo varios códigos postales o sus partes, lo que puede ser muy útil en ciudades, donde los precios pueden diferir considerablemente en las calles vecinas.

Es útil para guardar tus búsquedas y suscribirte para recibir notificaciones en tu dirección de correo electrónico cuando salgan nuevas casas al mercado. Puedes jugar con criterios y guardar varias búsquedas, por ejemplo, añadiendo un dormitorio más. Nunca se sabe, a veces sucede que una casa de 3 habitaciones sale más barata que una de 2 habitaciones, entonces, ¿por qué no mirar esto también? Además, puedes buscar un precio ligeramente más alto que tu máximo, ya que existe la posibilidad de negociar el precio a la baja.

Cuando comienzas a buscar por primera vez en una nueva área, puede llevar varias horas buscar casas adecuadas actualmente en el mercado. Ciertamente, no querrás volver a hacerlo todo en una próxima vez para encontrar las mismas casas, por lo que si te suscribes a las actualizaciones periódicas, te ahorrarás tiempo.

Si lo haces en diferente sitios web, habrá superposiciones, pero también habrá diferentes casas en cada sitio, y querrás saber sobre todas ellas. Haz lo mismo en otros sitios web también, si decides usarlos. ¡Hazlo ahora! Suscríbete para recibir notificaciones sobre casas nuevas en tu área objetivo.

Es muy importante que busques en tu área los enlaces de transporte. Ya sea que estés buscando en una ciudad o en el campo, los enlaces de transporte son importantes para que sepas cómo puedes llegar al trabajo. Incluso si no utilizas el transporte público, podría ser importante para los próximos compradores a la hora de vender, así que busca las estaciones de autobús, tren o metro más cercanas.

Por lo general, las casas a 15 minutos a pie de las estaciones de metro o tren son más caras, por lo que, si los precios son demasiado altos para ti, busca una distancia un poco más lejana y puedes encontrar algo dentro de tu rango de precios.

Verifica qué tan ocupados están los trenes en las horas pico.

. . .

Todos queremos vivir más cerca del centro de la ciudad para acortar nuestro viaje al trabajo, pero si no puedes tomar el tren o el metro por la mañana y necesitas esperar media hora para el próximo tren para lograr llegar a tu destino, o hagas horas y horas de tráfico innecesario, no te ayudará a ahorrar tiempo y agregará mucho estrés. Tal vez una o dos paradas más te hagan la vida más fácil.

Otro punto sumamente importante es la seguridad. ¿Es seguro volver a casa más tarde en la noche? ¿Te sentirás seguro/a caminando en la oscuridad? Puedes buscar en Google las estadísticas delictivas de tu área o utilizar sitios web.

También hay empresas que brindan sistemas de seguridad en las casas que tienen sus propias herramientas. A medida que te acerques a tu decisión de comprar, vale la pena visitar el área por la noche para ver cómo te sientes.

Revisa los planes de regeneración. Los desarrollos importantes pueden afectar los precios futuros en el área, por ejemplo, los trenes de alta velocidad o las tiendas populares aumentan los precios. Puedes encontrar información sobre nuevos desarrollos planificados en el sitio web de tu gobierno o en el sitio web de tu consejo local.

Considera de igual manera la recepción de telefonía móvil y velocidad de banda ancha. En el mundo moderno, no podemos vivir sin tecnología, especialmente si tu trabajo requiere que tengas una buena conexión. Revisa tu teléfono móvil cuando veas la propiedad para ver si hay problemas.

Como medida precautoria, identifica los riesgos de inundación. Si ocurrieron inundaciones en el pasado, esto puede afectar el seguro y, en algunas áreas, podría ser casi imposible encontrar una aseguradora para tu hogar. Tus abogados solicitarán un informe cuando realicen búsquedas locales, pero no tiene sentido perder el tiempo y decepcionarte más tarde, por lo que es mejor que consultes el mapa de inundaciones del área tú mismo/a.

. . .

Identifica también los colegios de la zona. Las casas en el área de captación de buenas escuelas tienden a ser más caras, e incluso si las escuelas no son relevantes para ti ahora, esto afectará los precios futuros y la facilidad con la que podrás vender, por lo que vale la pena verificar el desempeño de las escuelas en otro sitio web del gobierno.

Otras cosas para verificar: las carreteras principales cercanas pueden generar ruido y contaminación; los bares o restaurantes cercanos pueden generar ruido por la noche; las torres eléctricas pueden desanimar a los compradores cuando decidas vender y pueden afectar el precio.

Revisa si hay grandes fábricas o plantas, aeropuertos, grandes hospitales, estadios o locales de música. Las escuelas grandes al lado pueden crear problemas con el tráfico por la mañana. ¿Hay espacios verdes? Puede ser especialmente importante para lugares sin jardín propio. ¿Hay instalaciones deportivas, qué otros servicios locales están disponibles?

. . .

Verifica la información disponible en línea y planea un tiempo adicional para verificar el área circundante cuando vayas a las visitas.

Cómo comparar y qué elegir

Es posible que encuentres algunas casas que tengan cierto potencial para ti. Puedes guardar estas opciones en una hoja de cálculo e incluir información adicional para facilitar la comparación. La información importante para comparar es la ubicación, calle o código postal, número de dormitorios, tamaño de la cocina y si es independiente, tamaño de los dormitorios, metraje total, precio por metro cuadrado.

El último es un número muy importante y, por lo general, los agentes no lo publican, por lo que deberás calcularlo tú mismo/a. Puedes hacerlo dividiendo el precio de venta por los metros cuadrados totales de la propiedad, que tampoco siempre se muestra.

Si necesitas averiguar de qué se trata, puedes consultar el plano de planta, preguntar al agente si está disponible o intentar ver si la información se proporcionó cuando la propiedad se vendió anteriormente.

. . .

El informe de la propiedad puede tener los metros cuadrados totales de la propiedad, y este informe debe estar disponible del agente, o puedes descargarlo del sitio web del gobierno si conoces la dirección. Si no puedes encontrar la información sobre el tamaño de la propiedad en particular, puedes intentar estimarla mirando propiedades similares en la misma calle o en el mismo edificio, o puedes medirla tú mismo/a cuando vayas a la visita.

En muchos países, el precio por metro cuadrado es un indicador muy importante y se muestra cuando se vende la propiedad, pero hay muchos otros lugares en los que tradicionalmente los agentes no lo proporcionan. Esto varía considerablemente debido a que las personas intentan vender por un precio más alto. En cualquier caso, no querrás comprar una casa de caja por el precio de un castillo, así que presta atención.

Otra cosa importante a considerar, es si estás preparado/a para hacer algún trabajo en la casa. Muchos jóvenes no tienen experiencia en obras de construcción o reformas, y no quieren hacer ninguna.

Muchos quieren simplemente mudarse y vivir, que es una de las razones por las que las casas de nueva construcción tienen una gran demanda. Pero si estás preparado/a para hacer al menos algo, la gama de casas adecuadas podría ser mucho mayor y puedes ahorrar mucho dinero.

Si ves una casa recién remodelada, significa que alguien hizo el trabajo recientemente. Quieren recuperar su dinero, más una compensación por su tiempo, más alguna ganancia, por lo que pagarás por todo esto además de un precio justo. Si decides que puedes comprar una propiedad que requiere algo de trabajo, necesitas planificarla. ¿Harás algo tú mismo/a? ¿Necesitarás contratar a un constructor? ¿Cuánto costará?

En tu hoja de cálculo de comparación puedes agregar una columna para el trabajo de construcción. Trata de estimar cuánto necesitarás y el costo, porque lo necesitarás para comparar. Si hay una casa similar por un precio similar, pero que no requiere obras, ¿por qué molestarse con esta, que sí necesita obras? Además, si tienes una buena estimación del trabajo requerido, puedes usarla para negociar una reducción de precio.

Aunque comprar una casa nueva puede ser más costoso, también tiene una ventaja además de ahorrar tiempo: una parte de este precio más alto lo pagará la hipoteca, por lo que necesitarás solo el 5% (o el 10%) de este al principio.

Si necesitas 10K adicionales para hacer el trabajo en la casa, lo más probable es que los necesites además del dinero de tu depósito.

Eso podría ser complicado, pero si la casa está en condiciones de habitabilidad, es posible que puedas retrasar la remodelación y hacerlo cuando tengas más dinero. Incluso si decides que puedes hacer el trabajo en la casa para mejorarla, algunas casas podrían no ser adecuadas porque no podrás obtener una hipoteca.

Muchos prestamistas tienen sus propios criterios para las casas, pero aquí hay algunas señales de alerta para ti:

- Sin cocina o sin baño (o no en condiciones de funcionar): por lo general, estas casas se venden a compradores en efectivo, y podría haber una indicación al respecto en la descripción de la propiedad.
- Edificios de hormigón de gran altura: algunos prestamistas no te darán una hipoteca para un piso en un rascacielos de concreto, incluso si ya tienes una oferta con ellos, por lo que debes verificar dos veces. Estos pisos pueden ser más asequibles, pero necesitas encontrar una hipoteca para ellos, así que habla con tu corredor de hipotecas, ya que él o ella podría saber qué bancos trabajarán con tales edificios.
- Grandes defectos estructurales: puedes encontrar útil buscar información o asesorarte con arquitectos o ingenieros civiles.
- Viviendas con problemas de revestimiento: es casi imposible encontrar un prestamista para estas casas.

Aunque todos los problemas anteriores se pueden resolver, e incluso es posible tramitar una hipoteca puente o de desarrollo para comprar una casa problemática, para tu primera compra no deseas estos problemas; déjalo en manos de personas con experiencia y simplemente elimina esas casas de tu lista.

Utiliza un agente de compras. Los agentes de compras, que actúan en nombre del comprador, operan principalmente en el extremo superior del mercado y no operan en todas las áreas, pero su conocimiento y trabajo de campo pueden ser útiles para personas ocupadas. Tradicionalmente, cobran una tarifa por adelantado, y si compras una de las casas sugeridas, tendrás que pagarles un porcentaje del precio de la casa.

Algunos agentes cobran un porcentaje de la cantidad que ahorraron para el comprador al negociar un descuento. Los agentes de compras conocen bien su mercado y se aseguran de que el comprador no pague de más.

Como resultado, pueden ahorrarte más dinero de lo que cobran y ahorran mucho tiempo, así que, si puedes encontrar un agente de compras que trabaje en tu área y que no cobre mucho por adelantado, esta podría ser una opción segura para probar.

· · ·

De vez en cuando, es posible que veas en la lista una propiedad que se venderá en una subasta. La descripción incluirá detalles de cuándo y dónde se venderá, y muchos de ellos pueden parecer atractivos debido al precio al que se enumeran. Desafortunadamente, no es tan simple.

El precio publicado es un precio orientativo y el precio de venta real podría ser considerablemente mayor. El precio de reserva, el precio al que el vendedor se compromete a vender, no se publica y no se conoce. Sin embargo, el precio guía debe estar dentro del 10% de la reserva, por lo que es una especie de indicador.

Muy a menudo, las casas de subastas ponen un precio de referencia muy bajo para atraer más interés de los compradores y estimular las pujas, lo que normalmente da como resultado precios de venta mucho más altos. No es inusual que las personas se dejen llevar por las ofertas y eventualmente paguen un precio aún más alto de lo que podrían lograr en el mercado habitual.

· · ·

Hay muchas razones por las que las personas venden propiedades en las subastas, pero muchas de estas propiedades tienen problemas, lo que las hace riesgosas para los compradores primerizos sin experiencia.

Muchas personas organizan una encuesta para verificar la propiedad incluso antes de ir a la subasta, y si no tienen éxito con la oferta, esto será solo dinero perdido. Cuando un postor gana, esto se convierte inmediatamente en un contrato vinculante y el 10% del precio de compra debe pagarse en la subasta y el resto del proceso debe completarse en 28 días. ¿Tienes un depósito del 10% listo para pagar de inmediato?

Si hay problemas con la casa y el comprador se entera de ellos más tarde, será responsabilidad del comprador solucionarlos y podría ser costoso. Lo que también se suma a las complicaciones es que la casa debe pagarse en su totalidad dentro de los 28 días, que es un plazo muy ajustado. Es casi imposible tramitar una hipoteca en tan poco tiempo, incluso para un comprador experimentado.

· · ·

En las subastas, la gente generalmente paga en efectivo o toma una hipoteca puente muy costosa. Aunque hay muchas historias de éxito de personas que compran casas en subastas, también hay historias de terror, cuando pierden mucho dinero, o incluso todo su dinero.

Las subastas son riesgosas y no hay alguien que las recomendaría para compradores primerizos.

6

Tu visión

Entonces, has encontrado varias propiedades potencialmente adecuadas, estás listo/a para verlas y necesitas comunicarte con las agencias. Por lo general, resulta más eficiente ver varias en un día para ahorrar tiempo en moverte. Además, cuando ves varias en un tiempo relativamente corto, todavía recuerdas los detalles y es más fácil compararlas.

Pero no te excedas; si ves 10 propiedades en un día, todo estará mezclado en tu cabeza, y cuando regreses a casa no recordarás claramente dónde viste qué. Normalmente, es bueno preparar 5-6 propiedades para ver en un día. Si no hay tantas que parezcan las adecuadas para ti, sería bueno que intentaras agregar algunas más, incluso si algunas de ellas no parecen en especial atractivas, especialmente al principio, cuando empiezas a investigar el área.

Algunas podrían ser demasiado caras, o algunas con precios más bajos podrían no parecer atractivas inicialmente.

Deseas obtener la mayor cantidad de información posible, e incluso si algunas casas no se ven del todo bien, ve a verlas: es posible que puedas negociar el precio y esté a tu alcance, a veces las fotos de las propiedades no son geniales y en realidad, la casa es mucho mejor de lo que esperas.

Incluso si no te gusta después de verla, aún te brindará la experiencia y la información para comparar, comprenderás mejor los precios locales y lo que realmente puedes obtener por tu dinero.

Ciertamente, es mejor hablar con varios agentes inmobiliarios durante las visitas, ya que diferentes personas pueden agregar más información sobre el mercado y el área.

· · ·

Para organizar tu día de la mejor manera, mira las ubicaciones de las propiedades elegidas en un mapa e intenta planificar tu viaje y tu horario incluso antes de llamar a las agencias.

Planifica al menos 30 minutos para cada visita, o incluso más, porque podría haber ocasiones en las que el agente tenga otra casa para mostrarte que sea similar a la que estás reservando. Cuando tengas claro lo que te conviene, empieza a llamar a las agencias y pregunta por el horario de tu preferencia.

Si reservas con mucha antelación, existe la posibilidad de que te den el tiempo que deseas. Sin embargo, si reservas con 2 o más semanas de anticipación y el mercado se mueve muy rápido en el área, es posible que alguien haga una oferta antes de tu visita y la pierdas. Por otro lado, si intentas reservar para el día siguiente, es posible que los agentes no tengan espacios adecuados para ti.

· · ·

Además, recuerda que, si hay inquilinos en la casa, los agentes deben avisarles con 24 horas de antelación. Después de ganar algo de experiencia, descubrirás qué funciona mejor para ti; incluso puedes intentar ver 1 o 2 propiedades después del trabajo de camino a casa, ¿por qué no?

Te recomiendo encarecidamente que escribas notas durante las visitas y las agregues a tu tabla de comparación a primera hora cuando llegues a casa, mientras aún recuerdas. Estas notas pueden ser muy valiosas después de ver más de 20–30–50 propiedades. ¡Puede pasar!

Trata de evitar las visitas grupales.

Los agentes pueden usarlas para ahorrar su propio tiempo y quieren crear competencia entre los compradores para poder lograr un precio más alto. No solo es muy fácil pagar de más en esta situación, sino que tampoco recibirás toda la atención del agente durante la visualización y es posible que no recibas todas las respuestas a tus preguntas.

. . .

¡Hazlo ahora! Haz una lista de tres casas que te gustaría ver. ¿Qué buscar durante las visitas? Para empezar, mira la condición de la propiedad para decidir si requieres algún trabajo. Es más fácil con propiedades recién construidas o recientemente renovadas, ya que normalmente no se esperan defectos estructurales después de un buen trabajo de construcción.

Sin embargo, aún debes tener en cuenta que las paredes recién pintadas pueden ocultar problemas anteriores, como moho sin tratar o tratado incorrectamente, por ejemplo, o grietas estructurales en las paredes.

En un bloque de pisos de nueva construcción, lo más probable es que te muestren un apartamento piloto, bellamente decorado por diseñadores profesionales. Verifica si el apartamento que vas a comprar es del mismo tamaño y visítalo para asegurarte de que todo el trabajo se realice correctamente para evitar sorpresas desagradables más adelante.

Si el anuncio inicial no incluye el plano de planta, es una buena idea preparar uno propio, al menos un boceto, preferiblemente con medidas. Invierte parte de tu dinero en una herramienta de medición láser; será muy útil en muchas situaciones.

Así, una prioridad es asegurarte de que no haya problemas estructurales. Para esto, un levantamiento estructural posterior puede darte más tranquilidad, pero sería muy costoso y llevaría mucho tiempo si solicitas el levantamiento para cada propiedad que visites.

Intenta ir antes e inspeccionar el techo. ¿Falta algún mosaico? ¿La cresta es horizontal? Si está lloviendo, verifica si las canaletas están bloqueadas y tienen fugas. Si el agua corre contra una pared, puede causar humedad en la casa.

Busca signos de humedad: manchas oscuras en las paredes, papel tapiz descascarado, moho oscuro en los marcos de las ventanas, olor a humedad; todos estos podrían ser signos de un problema.

¿Los baños están en buen estado? Los baños toman tiempo y dinero para actualizar. ¿Estarías dispuesto o dispuesta a vivir con un baño en mal estado durante mucho tiempo?

Abre los grifos y verifica la presión del agua.

¿Todas las ventanas tienen doble vidrio? ¿Qué edad tienen?

Si son nuevas, el vendedor debe tener información sobre cuándo se instalaron. ¿Hay espacio para expandirse?

¿Puedes agregar valor? Si estás viendo un edificio, revisa también las zonas comunes. ¿Están limpias y mantenidas en buen estado? ¿Funciona el sistema de intercomunicación?

¿Hay un tablón de anuncios con información útil y datos de contacto?

. . .

Si estás visitando una casa con jardín, busca nudillos japoneses, pues son un tipo de planta sumamente invasiva que podría generar un problema. Búscalos en Google con anticipación para que sepas cómo se ven. También revisa los mapas para ver si hay casos alrededor de la propiedad.

Incluso si no hay señales de ello, pregúntale a la persona que realiza la visualización. Es posible que no lo sepan, así que pídeles que verifiquen y confirmen por correo electrónico.

No pueden mentir, ya que esto sería violar la ley.

Para el nudillo japonés y otras plantas invasoras, también puedes consultar los resultados de proyectos de investigación independientes. El banco puede negarse a darte una hipoteca si hay nudillos japoneses cerca, ya que esta planta puede ser peligrosa para la estructura de la casa.

Revisa lo que hay fuera de la propiedad. ¿Es una calle ruidosa? ¿Hay bares o restaurantes cerca que puedan crear problemas por la noche? Si preseleccionas la propiedad como potencialmente adecuada para comprar, vale la pena ir varias veces durante diferentes momentos del día, ya que algunas áreas pueden estar más concurridas y ruidosas a ciertas horas.

Preguntas para hacerle al agente durante la visita:

1. ¿Quién vende la propiedad y por qué?
2. ¿Alguien vive allí en este momento?
3. ¿Ha habido ofertas? ¿Cuándo? Es posible que el proveedor haya recibido una oferta mucho más baja hace mucho tiempo y no haya recibido ninguna desde entonces, por lo que ahora podría arrepentirse de no haberla aceptado. Así que podría haber una posibilidad de que acepte tu oferta, aunque no sea mucho mejor.
4. ¿Cuántas visitas ha habido al inmueble? Si no hubo muchas visitas, podría significar que la propiedad está sobrevaluada y existe la posibilidad de que se acepte una oferta más baja.
5. Si el(los) propietario(s) vive(n) allí, ¿planean comprar otro lugar? ¿Ya lo han encontrado? Puede haber una cadena en la que se

necesiten mudar varias casas al mismo tiempo, y para ti, como comprador/a por primera vez, podría ser muy valioso ya que no tienes un lugar para vender. Desafortunadamente, las cadenas largas significan retrasos, y si hay problemas dentro de la cadena, todo el trato podría colapsar.

6. Si hay inquilinos viviendo en la propiedad, pregunta si ya se ha dado aviso y cuándo deben irse.
7. ¿El propietario necesita vender rápidamente? ¿Cuándo les gustaría vender? Si tienen la intención de vender rápidamente, es posible que tengas una ventaja, ya que no tienen una cadena. Si ya tienes una oferta de hipoteca, puedes arreglar todo rápidamente, por lo que potencialmente puedes ser un muy buen comprador y aprovechar ese hecho para negociar un mejor precio. Si el mercado es lento, el descuento podría ser considerable.
8. ¿El proveedor es flexible en cuanto a precios? ¿Estarían dispuestos a aceptar un precio más bajo? Nadie te dirá cuánto aceptarán, pero mira la reacción del agente y podrás hacer algunas suposiciones. Si el

mercado está caliente y hay una larga cola de compradores, es posible que el vendedor logre un precio incluso más alto que el precio de venta, y algunos agentes son muy buenos para crear competencia entre los compradores. Si tienes fondos limitados, es mejor que te asegures de no involucrarte en una guerra de precios. Reúne la mayor cantidad de información posible y comprende bien los precios en el área para evitar eso. He conocido a personas que compraron al precio más alto y que lucharon por vender más tarde cuando el mercado se calmó. Tuvieron que vender muy por debajo del precio que pagaron, perdiendo mucho dinero. ¡Estás leyendo este libro para evitar que eso te suceda a ti!

9. ¿Qué se venderá con la propiedad? Muy a menudo, las personas dejan atrás algunos electrodomésticos, como la nevera, la lavadora o el lavavajillas. La gente a veces deja algunos muebles y es útil saberlo.

10. ¿Cuándo se hizo la última remodelación? Mira cuántos enchufes hay en cada habitación; las propiedades antiguas no tienen tantos como las que usamos ahora. ¿Hay suficientes para tus necesidades?

11. ¿Cuándo se actualizaron por última vez las tuberías y la electricidad?
12. ¿Qué tipo de calefacción hay en la casa? La calefacción a gas es más barata que los diversos calentadores eléctricos; los calentadores eléctricos podrían significar facturas mensuales más altas.
13. Revisa qué caldera es y cuántos años tiene. Muy a menudo, las calderas funcionan durante más de 20 años, pero no son tan eficientes y es de esperar que una caldera vieja se rompa pronto. Cambiar la caldera puede ser costoso, pero este podría ser tu punto de negociación.
14. ¿Cuántos años tiene la cocina? Puedes estimar al mirar el diseño, pero vale la pena preguntar.
15. Revisa los tamaños de los dormitorios, especialmente el más pequeño. Las regulaciones están cambiando, y lo que ahora se considera un dormitorio podría no contar como un dormitorio cuando decidas venderlo dentro de varios años. Tú compras, por ejemplo, una propiedad de 3 dormitorios; pero si uno de los dormitorios es demasiado pequeño, es posible que te encuentres vendiendo una casa de 2

dormitorios, por lo que el precio puede bajar. Existen casas en el mercado con dormitorios de unos 4 metros cuadrados, que está muy por debajo del requisito reglamentario. Ten en cuenta que actualmente todas las habitaciones deben tener al menos 6.5 metros cuadrados.

16. ¿Se hizo algún trabajo en la casa? ¿Tenía todos los permisos requeridos? ¿Se obtuvo el permiso de obras, en caso de ser necesario? ¿La obra fue aprobada por el control de la construcción?
17. ¿Existen todavía garantías disponibles para el trabajo realizado anteriormente?
18. Solicita un EPC (Certificado de Eficiencia Energética) si es aplicable en tu caso y verifica qué tan eficiente es la propiedad. Una menor eficiencia energética significa facturas más altas más adelante.
19. ¿Cuánto es el impuesto municipal? Necesitas saberlo, ya que este será tu gasto mensual.
20. ¿Existen restricciones de estacionamiento?
21. Es común que los nuevos desarrollos se vendan con una finalización de 28 días, lo cual es muy ajustado para la mayoría de las personas. Pregúntale al agente si el

vendedor requerirá un límite de tiempo para la finalización. Tu hipoteca preaprobada te hará la vida mucho más fácil en este caso.

22. Si se trata de una propiedad arrendada, pregunta cuántos años quedan del contrato de arrendamiento no vencido. En general, debes saber que la mayoría de los bancos no te prestarán dinero para una propiedad con un contrato de arrendamiento breve y vigente. Los precios bajan muy rápido con arrendamientos por debajo de los 80 años; y 55-60 años podría ser un límite para encontrar una hipoteca, por lo que debes evitar propiedades con contratos de arrendamiento a corto plazo.

23. Dos preguntas más sobre las propiedades en arrendamiento: ¿Cuánto es la renta del suelo? ¿Y cuánto son los cargos por servicio? Necesitas saber cuánto pagarás más tarde, y los bancos también lo tendrán en cuenta cuando calculen su asequibilidad. ¿Existen restricciones para las mascotas? Algunas propiedades de arrendamiento tienen esta restricción en el contrato de arrendamiento, por lo que no tiene sentido considerar esta

casa si tienes una mascota o estás considerando tener una.

No dudes en hacer muchas preguntas, aunque algunas suenen tontas. Necesitas tener una comprensión completa.

Escribe todas las respuestas en tu hoja de cálculo; necesitarás toda esta información para comparar y tomar tu decisión.

Envía tus comentarios al agente. Cuanto mejor entiendan tus necesidades, más posibilidades habrá de que puedan ofrecerte algo que sea adecuado para ti. Pero sé cortés; no es su culpa si hay algún problema con la propiedad.

Estima el valor de la casa. No haría una oferta por una propiedad si solo viera 2 o 3 de ellas. Incluso si te gustó la primera y tienes el dinero para comprarla, es mejor que tengas varias opciones para comparar. Si no hay nada que comparar, es muy fácil pagar más de lo debido.

También es más difícil negociar sin entender el precio real de la propiedad, que viene con el conocimiento de la zona y lo que está en el mercado en este momento. Busca propiedades similares a la que estás buscando: busca precios de venta en la misma calle y en calles cercanas. Este es el indicador más fuerte de los precios reales.

Esta información está disponible en los sitios inmobiliarios web y es mejor consultar la mayor cantidad posible, ya que la información que brindan sobre las propiedades es diferente. Por lo general, hay un retraso de 2 a 3 meses antes de que la información aparezca en los sitios web. También puedes encontrar información sobre cómo se comercializó la casa antes de ser vendida, para que puedas ver los precios de venta anteriores y comparar el estado de la casa con la que te interesa.

El Registro de la Propiedad de tu área también debería brindar información abierta sobre los precios de venta, y puede aparecer en esta fuente más rápido después de registrar la venta. Mira propiedades similares y presta atención a cómo han cambiado los precios de las casas con el tiempo en esta calle.

¿Por cuánto se vendió esta casa en particular la última vez?

Sabiendo cómo han cambiado los precios desde entonces, se puede estimar el valor actual, aunque sí se realizaron obras importantes en la casa, esto también puede aumentar su valor. Independientemente de lo que sucediera con los precios en la zona, la mayoría de los vendedores serían muy reacios a vender por debajo del precio que pagaron ellos mismos para evitar pérdidas, especialmente si hicieron algún trabajo en la casa.

Entonces, para ti, el precio que pagaron es el precio más bajo que puedes obtener, a menos que los precios de la vivienda bajen y el vendedor esté muy motivado y dispuesto a tener una pérdida para poder vender rápidamente.

. . .

También compara precios por metro cuadrado para tu casa objetivo y otras casas en la misma área. No querrás pagar mucho más.

Al incluir y excluir propiedades que están en oferta o vendidas STC (sujetas a contrato), puedes estimar qué porcentaje de todo el listado se vende. Un número alto indica un mercado activo cuando las propiedades se venden rápidamente. Si no hay muchas propiedades vendidas en comparación con las que no se han vendido, significa que el mercado está lento y es posible que tengas la oportunidad de reducir tu oferta.

Mira las casas en oferta. ¿Son más baratas que tu casa objetivo? ¿O es lo mismo? Ciertamente, no puedes saber cuál es la oferta allí, pero el precio de venta es un indicador, al menos hasta cierto punto, si otras personas están dispuestas a pagar algo comparable.

Cómo elegir algunas propiedades serán simplemente un NO para ti, es fácil. Pero, ¿y si tienes varias y necesitas decidir cuál? Todas tus notas en la tabla serán valiosas. Haz una lista de las propiedades que te gustan y deja claro por qué te gustan: ¿Buen precio para ti?

¿Buena ubicación? ¿Buen tamaño? ¿Bonito jardín? ¿No necesitas hacer ningún trabajo en él? ¿Potencial para agregar valor en el futuro?

Las propiedades no serán las mismas y debes decidir qué es lo más importante para ti. ¿Estarás dispuesto o dispuesta a pagar más por algo importante? ¿Cuánto más? Si, después de ir a una visita, decides que una propiedad no es adecuada en absoluto, no necesitas escribir mucho al respecto en tus notas, pero registra por qué no es adecuada para no perder tiempo en verla de nuevo.

Sin embargo, si algo parece atractivo, copia la línea en otra página para preseleccionarlo. Es posible que debas programar una segunda visita para tus propiedades preseleccionadas. Ahora tienes más experiencia y tienes algo para comparar, por lo que las verás de manera diferente.

Podría haber una oportunidad para que discutas tus preguntas con el agente y quizás tengas una idea de las expectativas del vendedor con respecto al precio.

· · ·

Aún hay cosas por verificar durante la segunda visita.

Verifica la presión del agua abriendo los grifos en el baño y en la cocina. Si están en pisos diferentes, ¿hay alguna diferencia? Comprueba dónde está la caldera y mira si hay una pegatina del último servicio. ¿Cuándo se hizo? Pídelo.

Comprueba el número de enchufes en cada habitación. ¿Es suficiente para ti? No usaban muchos en las casas antiguas, pero nuestra vida moderna requiere muchos más enchufes para varias cosas. ¿Hay radiadores en todas las habitaciones? ¿Alguna señal de fugas? Comprueba que puedes abrir todas las puertas y ventanas con facilidad.

Hacer una oferta

¡Lo encontraste! Entonces, ¿qué oferta haces? Por supuesto, todos los compradores quieren comprar por menos y todos los vendedores quieren vender por más, ese es solo el proceso normal de negociación. Reúne la información y trata de no emocionarte demasiado.

. . .

Debes recopilar la mayor cantidad de información posible sobre la casa y el vendedor, debes tener una buena comprensión de las tendencias actuales del mercado y debes demostrar que eres un buen comprador.

Si tú eres un/a comprador/a por primera vez, no tienes una casa para vender. El vendedor, por lo tanto, no tiene que esperar a que tú vendas y tú puedes avanzar con la compra de forma más rápida y segura. Algunos vendedores podrían estar dispuestos a aceptar una oferta ligeramente más baja de un mejor comprador, así que asegúrate de tener listas tus finanzas y la oferta de hipoteca, y asegúrate de que el agente y el vendedor estén al tanto.

El vendedor paga a los agentes por su trabajo, pero reciben su comisión solo después de la finalización de la venta. Dado que el 30% de las ofertas no se completan, es probable que el agente esté dispuesto a ayudarte a completar la compra.

. . .

Existen algunos muy buenos agentes profesionales que se esfuerzan mucho en ayudar con el proceso.

Mantén una buena relación con el agente, responde sus consultas rápidamente y valora su tiempo y esfuerzo; es posible que necesites su ayuda más adelante.

En el escenario más probable, comprarás a través de un agente, por lo que tendrás que hacerle tu oferta. En ese momento, ya tendrá una buena comprensión de las condiciones actuales del mercado en el área, a qué se han vendido otras casas y habrás hecho tu elección.

Como en todas las negociaciones, es importante comprender tu propia posición: ¿Cuánto estás dispuesto o dispuesta a pagar por esta casa? ¿Cuál es el máximo absoluto y cuál sería un buen resultado para ti? ¿Qué ventajas puedes ofrecer al vendedor frente a otros compradores?

Por ejemplo, puedes demostrar que tienes el dinero listo, tienes la oferta de hipoteca en principio aprobada por un banco, tienes un trabajo estable y un buen historial crediticio, por lo que hay muchas posibilidades de que el banco apruebe tu hipoteca rápidamente. Desafortunadamente, esto puede ser un gran problema para muchos compradores primerizos, pero si has seguido los consejos de este libro, puedes adelantarte a la cola.

Si algo sale mal con esta casa, ¿tienes otra opción de respaldo? Si puedes alejarte de este acuerdo, fortalecerás tu posición. Desafortunadamente, esto no funcionará tan bien en un mercado de rápido movimiento con una fuerte demanda de los compradores, pero al menos tienes otra opción si no tienes éxito con la primera.

También es bueno entender la posición del vendedor: ¿Cuánto tiempo estuvo la casa en el mercado? Incluso en un mercado activo, el tiempo promedio desde que se anuncia hasta que se acepta la oferta es de más de 1 mes; en un mercado de movimiento lento, podría ser más de 3 meses.

. . .

Estos son promedios, entonces, ¿qué pasa con esta casa en particular? ¿Cuántas personas llegaron para las visitas?

¿Cuántos tuvieron dos visionados? Estas serían buenas preguntas para hacerle al agente durante la segunda visita.

¿El vendedor está en una cadena? Como comprador por primera vez, no tienes una cadena. Tu posición puede ser atractiva, especialmente si una venta anterior se ha derrumbado y toda la cadena está desesperada por encontrar otro comprador.

¿Existen circunstancias que requieran que el vendedor venda rápidamente? Las personas pueden estar desesperadas por vender debido a su situación personal; el divorcio, la muerte o el riesgo de recuperación pueden empujarlos a aceptar un precio más bajo. Tu preparación puede darte una gran ventaja sobre otros compradores, si los hay.

· · ·

¿El vendedor ya ha reducido el precio tratando de vender más rápido? Si eso ha sucedido, es posible que estés en una posición muy fuerte. Teniendo en cuenta su posición y toda la información que conoce sobre la casa y sobre el vendedor, entonces adivina cuánto aceptará el vendedor.

En algunas ocasiones, especialmente en un mercado lento y con un vendedor motivado, es posible lograr un descuento del 25 al 30%, pero en condiciones normales de mercado, los descuentos son más del 5 al 10%. En un mercado activo y en lugares populares, las casas a menudo se venden por un precio más alto que el precio de venta. Aquí es donde el agente de compras puede ayudar más.

Entonces, mira toda la información disponible, mira tus finanzas y decide cuánto te gustaría ofrecer y cuál es el máximo que puedes pagar. Cuando haces una oferta por primera vez, puede ser una buena idea ofrecer un precio ligeramente inferior al deseado; quién sabe, ¡quizás lo acepten! Si rechazan tu oferta inicial, pregúntale al agente cuánto quiere el vendedor. Es poco probable que te den la cifra exacta, pero podría haber un indicador de qué tan cerca estás.

. . .

Recuérdales nuevamente por qué deberían venderte: un buen trabajo, el dinero está listo, AIP (Acuerdo de Principio) recibido, sin cadena y cualquier otra cosa que se te ocurra.

Haz la próxima oferta como una cifra no redonda, como £163,550. Esto demostrará que pensaste mucho en ello y consideraste el precio seriamente. También puede indicar que esta cifra es tu monto máximo y realmente lo estirarás.

Cuando intentes cumplir con tus ofertas y solicites precios, no necesitas encontrarte en el medio, aún puedes ofrecer incrementos mucho más pequeños apuntando más cerca de tu precio, pero solo funciona en un mercado más lento y si no hay muchos otros compradores alrededor.

No pierdas la cabeza y trata de evitar ser empujado o empujada a una guerra de ofertas. No te decepciones, habrá otras casas en el mercado. Lo último que deseas es pagar considerablemente de más comprando el piso más caro de la casa, o la propiedad más cara de la calle, y descubrir más tarde, cuando el mercado se calme, que tu casa vale menos y que sólo puedes venderla con una gran pérdida.

O, peor aún, que tengas un patrimonio neto negativo y tengas que pagar más al banco para salir de tu hipoteca.

Podría ser más fácil discutir su oferta con el agente, y es mejor hacerlo en persona, ya que verás si tu oferta se acerca lo suficiente a la cantidad que el vendedor puede aceptar.

En un mercado de movimiento lento, puedes ofrecer por debajo del precio solicitado y los agentes experimentados te ayudarán a lograr el acuerdo con un buen comprador. Por lo tanto, te conviene entablar una relación con el agente y convencerlo de que completarás la compra; los agentes harán sus propias conjeturas si en realidad eres quien lo hará.

. . .

Algunas agencias utilizan una licitación; piden a varios compradores que presenten ofertas cerradas por escrito al mismo tiempo, y el vendedor decide qué oferta quiere aceptar. Ciertamente, el mejor postor tiene una mejor oportunidad, pero no siempre es la oferta más alta la que gana, también intentarán estimar quién tiene menos probabilidades de darse por vencido y seguir hasta el final.

Mantenerte alejado/a de la multitud puede dar una ventaja injusta. Recuérdales que tú eres un comprador sin cadenas.

Recuérdales también que tu depósito está listo, y has recibido la oferta de hipoteca en principio para agilizar el proceso. Sé cortés y profesional.

Los agentes siempre están muy ocupados, por lo que vale la pena devolver sus llamadas y responder a sus correos electrónicos con prontitud. No pierdas el tiempo de otras personas, llega a tiempo a las reuniones o reprograma.

Explica que también te conviene organizar el proceso legal rápidamente y que estás dispuesto o dispuesta a adaptar el tiempo a las necesidades del vendedor.

Si tienes la oportunidad de conocer a los vendedores, intenta establecer una buena relación y asegúrales que cuidarás bien la propiedad. Es la casa de alguien, y será tu casa también.

¡Ellos aceptaron!

7

Proceso legal

Entonces, ¿qué sigue? Tu oferta ha sido aceptada y es un paso muy importante, pero no hay tiempo para relajarte.

Tienes varios meses por delante antes de que termine, y algunos períodos pueden ser estresantes.

Hay una razón por la que tantas personas no pueden completar la compra, incluso si se acordó el precio; todavía hay mucho trabajo por hacer. Generalmente, de manera legal, aunque sí existe un compromiso, la casa aún no es tuya. Será tuya después del intercambio de contratos. En ese momento, la compra se vuelve legalmente vinculante, aunque aún no hayas pagado todo el dinero.

Antes de intercambiar contratos, tanto tú como el vendedor pueden rescindir la compra.

Así que existe el riesgo de que ya tengas algunos gastos, pero el vendedor decida no venderte. Sucede cuando alguien más ofrece un precio más alto y el vendedor acepta su oferta. No es muy ético, pero sucede, y el vendedor no tiene la obligación de reembolsarte los gastos. Sin embargo, aún puedes intentar negociar y obtener al menos algo a cambio.

Lo mismo se aplica a ti: tienes derecho a cancelar en cualquier momento antes del intercambio de contratos, por ejemplo, si la encuesta revela grandes problemas con la casa, o si tus abogados encuentran problemas con el título legal.

Después de que se acepte la oferta, pídele al agente que retire la casa del mercado para evitar el riesgo de perderla.

. . .

El agente debe preparar un Memorándum de Venta, un documento que confirma que la oferta ha sido aceptada por ambas partes. Incluye información sobre la dirección de la propiedad, el precio y los nombres de los vendedores y compradores, así como los datos de contacto de los abogados. En ese momento, debes elegir a tu abogado para que el agente pueda enviarle el Memorando de Venta para iniciar el proceso legal. Este es un documento útil, y si tu agente no te lo ha enviado, pregunta al respecto.

Ponte en contacto con tus abogados y diles que tu oferta ha sido aceptada para que comiencen a preparar los documentos requeridos. También debes ponerte en contacto con tu agente hipotecario, o con tu banco si solicitaste directamente, y decirles que tu oferta ha sido aceptada. Podría ser una buena idea verificar si el mercado se movió y puedes obtener una mejor hipoteca, ¿por qué no intentarlo? Ya tienes una oferta, y no hay nada que perder.

El banco revisará tus documentos y la casa, por lo que organizarán la encuesta por su parte para asegurarse de que la casa les brinde la seguridad adecuada para tu dinero. Esta será una encuesta muy básica. Su propósito es solo asegurarse de que el banco pueda recuperar su dinero si algo sale mal, pero un topógrafo experimentado notará los grandes problemas y los escribirá en el informe.

Por lo general, si no pagas el informe, el banco puede negarse a enseñártelo, aunque muchos te lo darán si lo pides. Si tienes alguna duda sobre la propiedad, es muy recomendable que solicites tu propia encuesta. Puede darte la tranquilidad de que tu casa tiene una estructura sólida, y si hay algunos problemas ocultos que te costará dinero arreglar, puedes volver con el vendedor y discutir el precio nuevamente.

Desafortunadamente, el vendedor no tiene la obligación de contarte todo sobre la propiedad, pero te conviene averiguarlo, y es mejor hacerlo temprano, antes de gastar mucho dinero en el proceso. Sería una tontería descubrir que la casa tiene problemas estructurales o que el techo podría derrumbarse poco después de mudarse.

. . .

Hay diferentes tipos de encuestas con precios diversos para un informe de comprador de vivienda y un incremento en precio para un estudio estructural completo, más IVA.

Aunque el banco realizará su propia encuesta, su propósito es solo confirmar que la propiedad vale el precio, por lo que es poco probable que esta encuesta brinde muchos detalles.

Si estás comprando una propiedad antigua que se encuentra en mal estado, es posible que sea necesario realizar un estudio estructural completo. Como de costumbre, es mejor pedir recomendaciones y leer reseñas, pero también asegúrate de que el topógrafo esté autorizado y registrado.

Debido a que las construcciones nuevas vienen con una garantía de 10 años, es posible que no necesites una encuesta costosa, pero recomendaría obtener ayuda profesional para preparar la lista de problemas. Una vez que se termina el edificio, el comprador generalmente tiene la oportunidad de revisar la propiedad y decirle al desarrollador si ha encontrado algún defecto o trabajo sin terminar que desea corregir antes de la finalización.

Estos defectos se denominan 'problemas'. Un snagger profesional con conocimiento de la industria de la construcción puede identificar las cosas que no están a la altura de las normas de construcción vigentes, y te dará la tranquilidad de saber que todo se hizo correctamente.

Desafortunadamente, la encuesta puede revelar problemas inesperados, algunos bastante costosos de solucionar. Al organizar una cotización para cualquier trabajo requerido; muchos constructores te darán una cotización gratis. También puedes pedirle al agente que organice las cotizaciones y, si no estás satisfecho/a con los costos potenciales, intenta negociar un nuevo precio con el vendedor o decide que no quieres esta molestia con esta casa.

Cómo encontrar un abogado

El abogado tiene un papel muy importante. Podría haber errores, retrasos considerables, incluso pérdida de dinero, si no hacen bien su trabajo. Los precios pueden variar según el trabajo legal y la calidad del trabajo, por lo que es importante encontrar el abogado adecuado.

Pregunta por recomendaciones y revisa las reseñas; cuantas más comprobaciones hagas, mejor.

Este no es el momento en el que solo debes elegir el más barato, consulta las reseñas primero. Todo el trabajo de traspaso se puede realizar de forma remota, por correo electrónico o por correo postal, por lo que no necesariamente tienes que elegir a alguien local.

El agente puede recomendar a su abogado, pero de acuerdo con la experiencia general, pueden ser más caros. Además, también deberías de considerar tu comodidad con la gran cantidad de información, incluso si no es privada, que va al agente, por lo que siempre podría ser mejor opción elegir un abogado independiente.

. . .

El propósito final del traspaso es transferir el título legal de la propiedad del vendedor al comprador. Por lo general, el proceso de traspaso toma de 6 a 8 semanas, pero podría ser considerablemente más largo, especialmente para propiedades en arrendamiento donde los abogados también deberán comunicarse con el propietario. Tu abogado debe actuar de tu parte y asegurarse de que tu compra sea buena, que no haya problemas y aconsejarte si encuentra alguna complicación.

¡Hazlo ahora! Pregunta a tus amigos o colegas acerca de un abogado. Su tarea será verificar las identificaciones y direcciones tanto del vendedor como del comprador para asegurarse de que no haya lavado de dinero ni fraude de ninguna de las partes.

¡Lo último que deseas es descubrir más tarde que la casa no pertenecía al vendedor y que todo fue un fraude! Es posible que ya hayas visto este tipo de historias de terror o leído sobre casas 'robadas' en un artículo por aquí o por allá.

También realiza búsquedas de propiedades: búsquedas del consejo local, que incluirán información sobre la propiedad y el área y cualquier desarrollo planificado que pueda afectar la propiedad. Búsquedas ambientales, incluyendo riesgo de inundación, suelo contaminado, riesgo de hundimiento e información sobre vertederos cercanos. Búsquedas de la autoridad del agua. Búsquedas adicionales específicas de la ubicación, por ejemplo, búsquedas mineras.

De igual manera, verifican el título legal. Verifican el contrato de arrendamiento y se comunicarán con el propietario. Te informarán si hay una renta de terreno excesiva, cargos por servicio o cualquier otro problema con el contrato de arrendamiento. Si la propiedad se modificó en el pasado, los abogados verificarán que toda la documentación requerida esté en su lugar, que se hayan obtenido todos los permisos y que el control del edificio haya aprobado todas las modificaciones.

Si el vendedor no tiene todos los documentos requeridos, lo que a veces sucede, no es el fin del mundo, pero requerirá más tiempo para comunicarse con las autoridades para obtener los documentos necesarios, por lo que es posible que se produzcan demoras considerables. Si el vendedor no puede obtener la documentación, o algo está mal con el título legal, los abogados pueden contratar un seguro de indemnización para cubrir al comprador por posibles problemas legales futuros. Es solo una póliza de seguro única que está vinculada a la propiedad, generalmente a expensas del vendedor, pues es su culpa que no hayan arreglado todos los documentos, ¿no?

También, los abogados ayudan a consultar y asesorarte sobre el Formulario de Equipamiento y Contenidos, que es elaborado por parte del vendedor e incluye la información sobre otras cosas que se incluirán con la compra, como caldera, iluminación, o cualquier otra cosa que se quedará en la casa.

Algunos vendedores se llevan todo, pero algunos pueden dejar electrodomésticos, muebles y otros artículos. Algunos vendedores intentarán vender las cosas que no quieren llevarse, y todo esto requerirá un acuerdo entre las partes.

Los abogados comprobarán si hay garantías para cualquier obra de construcción anterior. Las viviendas de obra nueva con una antigüedad inferior a 10 años deben tener garantías. Verificarán si hay cargos legales, derechos de paso o cualquier disputa que pueda afectar el precio de la propiedad.

Se comunicarán con el prestamista para verificar la oferta de la hipoteca y coordinar la firma de los documentos de la hipoteca. Negocian y revisan los contratos de transferencia de propiedad. Te enviarán el Plan de título para que lo revises y lo firmes.

Debes asegurarte de que se refiera a la propiedad que estás comprando y que los límites coincidan con lo que esperas. Si crees que hay alguna discrepancia, debes discutirlo con tu abogado. También comunícate con tu prestamista para asegurarte de que todas las transferencias de dinero se realicen a tiempo.

Cuando se complete la compra, los abogados inscribirán el título y las escrituras de hipoteca en el Registro de la Propiedad. Prepara la declaración y paga el impuesto de timbre, si es necesario. Si no deseas demoras en el proceso, responde todas las preguntas de todas las partes y envía todos los documentos firmados rápidamente.

. . .

Si no tienes noticias de tu abogado durante algún tiempo, también es una buena idea ponerse en contacto con él y solicitar una actualización. Puede ser una buena idea si estableces una fecha límite específica para el día de intercambio de contratos para que todas las partes sepan el marco de tiempo; no te da una garantía, pero puede ayudar a todas las partes involucradas a planificar tus acciones.

¿Qué puede ir mal? Puede haber dificultades para obtener la hipoteca de la vivienda. La tasación de la hipoteca puede salir por debajo del precio pactado, por ejemplo. Desafortunadamente, sucede cada vez más a menudo cuando los bancos intentan protegerse y asegurarse de que, en el peor de los casos, recuperarán todo su dinero.

¿Qué hacer? Puedes ir a otro prestamista y tratar de obtener otra tasación. No has pagado nada al banco en esta etapa, por lo que puedes probar con otro. Pregúntale al asesor qué empresa de tasación utiliza.

Algunos grandes topógrafos trabajan para varios bancos, por lo que no tiene sentido ir a otro banco con la misma empresa. Incluso si la encuesta la realiza otra persona, verán el resultado de la encuesta anterior y es poco probable que den una valoración más alta para la misma casa. Estuve en esta situación antes, y otro banco dio la valoración requerida.

Si también crees que el precio es demasiado alto, especialmente si otro banco también te dio un valor más bajo, vuelve con el vendedor e intenta renegociar. Puedes utilizar las valoraciones como prueba de que el precio es demasiado alto. El vendedor puede negarse, pero el próximo comprador podría tener el mismo problema y, después de varios meses perdidos, el vendedor todavía necesitará reducir el precio.

Si se diera el caso de que la diferencia no es en realidad tan grande, ¿puedes encontrar dinero adicional para cubrir la diferencia? Esto solo tiene sentido si crees que el precio sigue siendo bueno.

Puede que existan problemas revelados por la encuesta.

Aunque no es frecuente, tales cosas suceden, por lo que es común escribir que tu "oferta está sujeta a contrato" cuando negocias el precio. Esto significa que el precio puede renegociarse si se revela nueva información. Si el informe de la encuesta presenta algunos problemas, intenta averiguar si se pueden solucionar y cuánto te costará.

Si has renegociado con éxito el precio de compra, deberás informar a tu prestamista y, si ya recibiste tu oferta de hipoteca, es posible que deban darte otra para que la firmes. Todo esto provocará retrasos.

Puede que te lleves una mala experiencia, por ejemplo, sucede que el vendedor acepta una oferta de otra persona.

Incluso si la propiedad se retira del mercado y los agentes no pueden programar más visitas, las personas que la vieron anteriormente aún pueden hacer una oferta más alta para que sea tentador para el vendedor.

Intenta luchar, pero si no puedes hacer nada al respecto, al menos pídeles que cubran todos tus gastos. La mejor manera de evitar quedarte decepcionado/a es preparar tus finanzas y tu oferta hipotecaria, ser cortés, eficiente y rápido/a. Es menos probable que el vendedor decida deshacerse de un buen comprador.

También, la cadena puede colapsar. Cuantas más casas estén involucradas en la cadena, mayor será la probabilidad de que suceda. Si el vendedor aún no ha encontrado otro lugar, o si la cadena posterior aún es incierta, es posible que desees retrasar tu encuesta y decirle a tu abogado que espere con las búsquedas hasta que haya más certeza, para no desperdiciar dinero si la cadena colapsa.

Una de las soluciones para evitarlo podría ser acordar con los vendedores que se muden a un alojamiento alquilado para que tu parte de la cadena esté completa y no enfrentes ese contratiempo, mucha gente lo hace.

Los vendedores cambian de opinión y deciden no vender.

Pasa comúnmente y sí es un suceso muy decepcionante, pero puede que también haya cierto grado de responsabilidad en tu cancha, ya que el proceso legal, por ejemplo, podría tomar mucho más tiempo del que debería.

Por ejemplo, en un caso de este tipo de pérdida, la compra era un proyecto de desarrollo, y el vendedor había decidido hacer el mismo proyecto él mismo. El retraso le dio la oportunidad de encontrar dinero adicional para el trabajo y los compradores perdieron mucho.

Una lección para aprender aquí: prepara todo rápidamente, evita demoras de tu parte para llegar al punto de intercambio de contratos rápidamente. Desafortunadamente, no todo está bajo tu control, pero puedes aumentar tus posibilidades de completarlo con éxito comunicándote regularmente con todas las partes y resolviendo los problemas rápidamente.

A veces puede ser estresante, por ejemplo, si llamas a tu abogado y te enteras de que ha estado esperando durante un par de semanas una respuesta del otro lado, por lo que no ha habido ningún progreso durante mucho tiempo. Los abogados están ocupados y no siempre perseguirán a la otra parte en busca de respuestas. Aquí es donde tú puedes ayudar.

Si tienes contacto con el proveedor directamente, pídele que investigue. Lo más probable es que no sepan lo que está pasando entre los abogados, pero también es lo mejor para el vendedor vender rápidamente. Alternativamente, comunícate con el agente y solicita ayuda.

Los agentes aprecian las actualizaciones sobre el progreso y también quieren una finalización rápida para poder recibir su comisión.

Tengo la regla de que, si no tengo noticias de mi abogado durante 3 o 4 días, me comunico con él y le pregunto sobre el progreso y ofrezco ayuda para perseguir a otra parte si la necesitan. Es mejor asegurarte de que el proceso se está moviendo.

Si la compra fracasa, podría ser una experiencia muy dolorosa, especialmente si te has apegado emocionalmente a esta casa, y también podrías perder dinero. Solo tómate un descanso y luego comienza a buscar de nuevo. Esta es otra razón por la que es bueno tener otras opciones en tu lista.

Más propiedades están llegando al mercado todo el tiempo, y hay una buena posibilidad de que encuentres algo aún mejor.

Lee todos los documentos. Los errores ocurren, y si hay algo con lo que no estuviste de acuerdo o no esperabas, haz preguntas. Eventualmente, firmarás documentos importantes y es crucial que comprendas lo que estás firmando.

Cuando se trata de planificar tu dinero para la compra real de la casa, no lo planees hasta el último centavo, deja varios cientos adicionales como presupuesto de emergencia.

Siempre hay algunos costos inesperados, y no deseas que toda tu compra se derrumbe y pierdas la casa que creías que ya era tuya, solo porque te faltan cantidades pequeñas.

. . .

Podrías intentar pedir prestado a amigos o familiares, pero esto podría ser vergonzoso, ¿y si nadie tiene dinero extra cuando más lo necesitas? Si te queda algo en el bolsillo después de tu mudanza a la nueva casa, créeme, estarás agradecido/a de tenerlo.

Bueno. Se realizaron todos los controles, saltaste todos los obstáculos y resolviste todos los problemas, se recibió la oferta de hipoteca y los contratos están listos para firmar. En la mayoría de los casos, será un documento poco impresionante de 1 a 2 páginas que contendrá nombres y direcciones, referencias a las condiciones estándar de venta y podría incluir algunas cláusulas adicionales negociadas para esta venta.

Es importante firmar los documentos y enviarlos de vuelta a tu abogado rápidamente para evitar demoras. En esta etapa, los abogados y todas las partes discutirán la fecha de intercambio de contratos y la fecha de finalización.

Estas fechas pueden ser especialmente importantes si hay una cadena y muchas personas se están mudando al mismo tiempo.

. . .

Aunque es posible tener el intercambio y la finalización el mismo día, es más fácil planificar y organizar todos los traslados si hay un desfase entre ellos, normalmente al menos una semana. Generalmente, se requiere un depósito del 10% antes del intercambio de contratos, y tu abogado te informará al respecto con anticipación.

Este depósito puede ser más bajo, por ejemplo, si solo tienes un depósito del 5% y estás tomando un préstamo LTV del 95%. Una vez que se intercambian los contratos firmados, la venta se vuelve legalmente vinculante y puedes perder el depósito si te retiras.

Deberás transferir una cantidad considerable de dinero a tu abogado, por lo que deberás tener mucho cuidado con los datos bancarios. El abogado te enviará sus datos bancarios por correo como parte de su correspondencia estándar, pero, lamentablemente, los estafadores envían correos electrónicos con nuevos datos bancarios para atraer a compradores a transferir su dinero a su cuenta bancaria. Ten mucho cuidado, llama al abogado para verificar dos veces y verifica 10 veces antes de enviar.

. . .

Como propietario/a, tú eres responsable del seguro de su casa, y el banco que gestione la hipoteca te exigirá que tengas el seguro del edificio para cubrir las cosas más importantes. Por lo general, debes cubrir tu propiedad desde el día del intercambio de contratos, ya que lo último que deseas es que le suceda algo a la propiedad al día siguiente, y tú mismo/a termines teniendo que cubrir enormes costos.

Los bancos a menudo ofrecen proporcionar el seguro, pero en la mayoría de los casos, será más costoso que si usas una compañía independiente. El seguro es muy rápido de tramitar, puedes hacerlo el mismo día, pero encontrar una mejor oferta puede llevar tiempo.

Un corredor de seguros puede ahorrarte tiempo y dinero; pregúntale a su asesor hipotecario, es posible que tenga a alguien en su equipo. Si compras un apartamento en arrendamiento, el propietario a menudo organiza el seguro del edificio. Se incluirá en tus pagos regulares de servicio y mantenimiento, por lo que los arrendatarios pagan una parte.

. . .

Tu abogado obtendría una copia del propietario. Para cubrir tus pertenencias dentro de la propiedad que no están fijas, necesitarás un seguro de contenido. Por lo general, el seguro de contenido no es obligatorio y debes considerar si deseas contratarlo.

¡Hazlo ahora! Escribe lo que necesitarás comprar para tu nuevo hogar. Tu abogado preparará una declaración de su compra especificando cuánto tendrá que pagar por los honorarios legales, transferencias, búsquedas y el impuesto de timbre. Se te pedirá que transfieras el saldo antes de la fecha de finalización. Normalmente, todo se discute con anticipación, por lo que no debería ser una sorpresa para ti.

El documento de condición estándar de venta, parte del contrato para la compra de la propiedad, dice que "el comprador acepta la propiedad en el estado físico en el que se encuentra en la fecha del contrato, a menos que el vendedor la esté construyendo o transformando". Sería una buena idea visitar la propiedad nuevamente y verificar que no haya ocurrido ningún desastre desde tu última visita.

. . .

Si no estás satisfecho/a con los cambios en la propiedad, discute con tu abogado cómo se puede resolver. Una vez firmados y canjeados los contratos, los procuradores preparan la transferencia de los títulos de propiedad para su inscripción en el Registro de la Propiedad, y acuerdan con el banco la fecha de realización.

En la fecha de finalización, el banco transferirá el dinero de la hipoteca a la cuenta de tu abogado, y el mismo día, tu abogado transferirá todo el dinero a la cuenta del abogado del vendedor. Los abogados finalizan los documentos de finalización y te confirman la finalización.

Después de que el abogado del vendedor haya confirmado que ha recibido el dinero, el vendedor debe desalojar la propiedad si aún no lo ha hecho, y el comprador puede obtener las llaves. ¡Hecho!

El día de finalización es un día ajetreado para todas las partes y es necesario organizar varios traslados. A menudo, los abogados organizan todas las terminaciones el viernes y también pueden estar ocupados con otros clientes. No esperes todo por la mañana; lo más probable es que sea a última hora de la tarde, así que planea reunirte con el agente para obtener las llaves a esa hora.

Nota: si algo sale mal, podría haber un retraso hasta el siguiente día hábil, así que ten una opción de respaldo si planeas mudarte el mismo día.

8

Las llaves de tu nuevo hogar

Esto puede ser muy emocionante, o muy estresante. Para evitar el estrés, debes planificar todo correctamente, y hay puntos particulares a los que debes prestar atención. Si lo planeas todo bien, para ese momento le habrás dado el aviso a tu arrendador, si es que estabas alquilando. Verifica en tu contrato de arrendamiento la cantidad de aviso que debes dar al propietario.

Dependiendo del tipo de tu contrato el plazo de preaviso puede ser diferente: si tienes un contrato a plazo fijo, puedes terminarlo el último día del contrato, dando el preaviso por adelantado, a menos que tengas una cláusula de rescisión o tu arrendador acuerda terminar su arrendamiento.

. . .

Una vez finalizado el contrato a plazo fijo, el contrato se convierte en un contrato periódico renovable.

El preaviso mínimo que deben dar los inquilinos es de 1 mes si pagan el alquiler mensualmente. A menudo hay confusión sobre lo que significa 1 mes: el aviso debe incluir un período completo de alquiler de 1 mes, por lo que, si tu contrato comenzó el día 15, debes dar tu aviso el día 15 o antes para rescindir tu contrato a partir del día 15 del mes siguiente, y si pierdes incluso 1 día, tú podrías ser responsable de pagar el alquiler por un mes adicional.

Tu arrendador puede tener el derecho legal de deducir el dinero de tu depósito por todo el mes si el aviso no se da correctamente. Siempre es una buena idea tener una conversación amistosa con el propietario y verificar todos los detalles con anticipación. Si planeas comprar tu propio lugar pronto, en lugar de renovar tu contrato a plazo fijo y firmar otro, es posible que desees pasar a un contrato continuo para tener más flexibilidad. Es mucho más difícil terminar un contrato de duración determinada antes que dar aviso para terminar un contrato renovable.

. . .

Toma lecturas del medidor en tu último día en tu alojamiento alquilado y notifica a tus proveedores de servicios públicos, proveedor de agua, licencias de televisión, ayuntamiento y otros que te vas a mudar. Por lo general, la mayoría de ellos pueden ser notificados más tarde, pero los proveedores de telefonía y banda ancha requieren un aviso de 30 días, por lo que debes planificarlo con anticipación.

En tu nuevo lugar tendrás que hacer lo contrario: darte de alta en las empresas de servicios públicos (tomar lecturas de contadores), agua, ayuntamiento y proveedor de banda ancha. Si tu vida no puede funcionar correctamente sin banda ancha, es posible que desees programar la visita del ingeniero con anticipación. Los diferentes proveedores tienen diferentes marcos de tiempo, así que llámalos con anticipación para verificar cuándo pueden atenderte.

Hay compañías que pueden llegar a hacer tu instalación casi al día siguiente, pero algunas otras requieren reservar con un mes de anticipación. Si no quieres quedarte sin Internet durante un mes, reserva con antelación. Puedes cambiar la fecha o cancelar si hay retrasos con la finalización.

• • •

Idealmente, deseas tener la finalización y la mudanza a tu nuevo hogar el mismo día en que finaliza tu contrato de alquiler para evitar pagar el alquiler y la hipoteca al mismo tiempo, pero esto es extremadamente difícil de planificar.

Los retrasos en las compras ocurren con mucha frecuencia.

No querrás encontrarte sin un techo sobre tu cabeza, buscando urgentemente un lugar por un corto período.

Incluso un par de días pueden ser complicados y costosos, por lo que, si planeas alguna superposición, tu mudanza podría ser menos estresante.

Mudarte al nuevo lugar no debería ser un gran problema.

• • •

Hay empresas de mudanzas que pueden hacerlo en un plazo relativamente breve, pero, como de costumbre, la planificación anticipada puede ahorrarte estrés y dinero. Tan pronto como los abogados comiencen a discutir las fechas previstas para el intercambio de contratos y la finalización, tendrás más certeza y podrás planificar tu mudanza.

Puedes ahorrar algo de dinero en cajas para empacar tus pertenencias si pides cajas vacías en las tiendas locales. A menudo tienen que pagar por retirar las cajas vacías, por lo que es posible que estén dispuestos a darte algunas. ¡Usar cajas dos veces es bueno para salvar el planeta!

Tomará algún tiempo desempacar todo, por lo que es posible que necesites tener algunas cosas fácilmente accesibles: papel higiénico, herramientas de bricolaje, jabón, cepillo de dientes y pasta de dientes, toallas, líquidos de limpieza, muchos paños, escoba y trapeador, líquido para lavar, toallitas húmedas, bolsas de basura, comida, hervidor de agua, tazas, café y/o té, bolsa de noche, cuaderno y bolígrafo, cargadores.

Si algo no está bien, debes tomar fotografías y ponerte en contacto con tu abogado para discutir qué se puede hacer. Si el proveedor no cumple con el contrato, es posible que tengas una ruta legal para rectificarlo, pero considera si vale la pena tu tiempo y el desgaste de tus nervios. Cuando las personas se mudan a un alojamiento alquilado, esperan que lo limpien profesionalmente. Desafortunadamente, los vendedores no tienen esa obligación, así que espera que el lugar esté desordenado.

Hay cosas que debes preguntar al vendedor antes de mudarte. Pide que te dejen los manuales de la caldera, el termostato y los electrodomésticos. ¿Dónde está la llave de paso del agua? Haz el recordatorio de dejar las llaves de las ventanas y todas las puertas. ¿Dónde están los medidores de gas y electricidad? Pide que se deje la pintura y los azulejos sin usar; quién sabe, puede que los necesites.

Verifica si hay alarmas de humo y CO. Si no es así, instálalas lo antes posible. Las alarmas de humo que funcionan con baterías pueden resultar no tan baratas, pero ahorran dinero y salvan vidas. No olvides tampoco actualizar tu dirección en todos los lugares, puedes realizar una lista de verificación o descargar una ya hecha.

No olvides cambiar la dirección en tu cuenta de compras por internet. Pasa todo el tiempo; compras algo rápidamente y va a tu antigua dirección.

Organiza la redirección de tu correo a la nueva dirección para evitar perder cartas importantes durante al menos tres meses, pero un año sería aún mejor. Después de un tiempo, las empresas comenzarán a enviar sus estados de cuenta, algunas lo hacen solo una vez al año, y verás dónde olvidaste cambiar la dirección.

Considera tener un seguro de protección de pago de hipoteca (MPPI). Si pierdes tu trabajo y no puedes pagar la hipoteca, el banco puede quitarte tu casa (reposesión) y venderla. Por muy buena que sea tu planificación, pueden ocurrir acontecimientos difíciles en nuestras vidas. Si sientes que no puedes pagar tu hipoteca, debes comunicarte con el banco e intentar negociar un nuevo calendario de pagos.

Hay alguna ayuda del gobierno, pero no pagarán nada durante los primeros 9 meses, y solo cubrirán los pagos de intereses, en dado caso. Una forma de evitar la reposesión es tener suficientes ahorros para poder realizar los pagos de la hipoteca durante algún tiempo, o puedes concertar un MPPI. El consejo habitual es tener entre 3 y 6 meses de salario en tus ahorros en caso de que algo salga mal en tu vida.

Planifica tus costos de funcionamiento después de convertirte en propietario/a de una vivienda.

Los bancos analizan tu salario y tus gastos regulares durante la solicitud, y no te darán la hipoteca si no puedes pagarla, pero necesitarás tener tu propia idea de cómo planificarás tus finanzas. No planees todo hasta el último centavo; si te queda dinero, puedes pagar más a tu hipoteca, pero si estás corto/a, tendrás un gran problema.

Considera la posibilidad de un aumento potencial en las tasas de interés o algún gasto inesperado si algo se rompe en la casa. Consulta también con tu ayuntamiento, es posible que tengas derecho a un 25% de descuento para una sola persona si vives solo/a, aunque esto no se da en todos los países.

. . .

Para reducir la presión sobre tus finanzas, puedes considerar tener un inquilino, es decir, alquilar alguna de tus habitaciones. Considera sin embargo las condiciones y sujeciones legales locales; de igual manera, consulta con tu propietario y tu proveedor de hipotecas si se te permite tomar un inquilino. Vas a invitar a alguien a tu casa, así que revisa cuidadosamente todo sobre la persona.

9

Felices para siempre

No sería correcto ignorar todos los riesgos asociados con la compra y no considerar si comprar tu propia casa es adecuado para ti. La vida es generalmente arriesgada; no sería posible cruzar la calle o conducir un automóvil si nos concentráramos solo en los riesgos.

Sabemos que existen riesgos para nuestra salud, bienestar e incluso nuestras vidas, pero aprendemos a evitarlos o, al menos, mitigarlos. Comprar una casa es un compromiso muy grande, y si no tienes cuidado, muchas cosas pueden salir mal y causar pérdidas financieras significativas.

. . .

¿Qué podría salir mal y cómo reducir el riesgo? Comprar en el lugar equivocado porque no se realizó suficiente investigación, por ejemplo.

Verifica los precios de venta, las estadísticas de delincuencia, el área de inundación, los planes de regeneración en el área o los planes para cerrar o abrir una gran planta o fábrica.

Si se pierden puestos de trabajo, el precio de las casas puede bajar, mientras que los nuevos puestos de trabajo traerán una mayor demanda y precios más altos. Las inundaciones no solo pueden destruir la casa, sino que también habrá problemas con el seguro y los precios bajarán.

Otro potencial peligro es no disponer de reservas para el pago de la hipoteca. Incluso un pago de hipoteca atrasado puede traer problemas más adelante, y varios pagos atrasados pueden llevar a perder tu casa y definitivamente resultarán en una gran cantidad de estrés.

. . .

El mercado inmobiliario puede colapsar/declinar, y el valor de su casa puede disminuir considerablemente. Por lo general, si solo vives tú en la casa, no hay un riesgo enorme, incluso si tu capital en la casa se vuelve negativo, lo que puede suceder si la casa vale menos que la hipoteca. Puede causar ansiedad, pero si no necesitas mudarte, y si solo pagas los pagos mensuales de tu hipoteca como de costumbre, no pasará nada. Eventualmente, los precios de la vivienda en tu área se recuperarán.

Podrían surgir problemas si necesitas mudarte o si el período de tu hipoteca de tasa fija llega a su fin y, para evitar tasas de interés más altas, deseas volver a hipotecar, pero las valoraciones de las nuevas hipotecas podrían ser más bajas.

Pero hay cosas que hacer. Si el período inicial de la hipoteca de tasa fija se fija por un período más largo (5 años o más), durante este período habrás pagado una cantidad considerable de capital y habrá menos riesgo de que el saldo de la hipoteca sea inferior a la tasación de la casa.

. . .

Los depósitos más grandes desde el principio reducen considerablemente el riesgo de patrimonio negativo, por lo que las tasas de interés hipotecario son más bajas para los depósitos más grandes. Si consideras mudarte de casa, las correcciones del mercado inmobiliario podrían estar a tu favor, ya que podrás comprar una casa más grande con tu dinero, incluso si puedes perder algo de la venta de tu propia casa.

Si todo el mercado baja un 20%, una reducción de este 20% de una casa de $100,000 es de $20,000, pero el 20 % de $200,000 son $40,000, por lo que ahorrarás $20 000 si te mudas a una casa más grande. Es por eso por lo que las caídas del mercado inmobiliario son un buen momento para ascender en la escala inmobiliaria.

Algo puede pasar con tu casa específica, por ejemplo, son las inundaciones severas o destrucción por huracanes. Cómo mitigar: hay que tener mucho cuidado al comprar. Presta atención a los informes de inundaciones e intenta evitar las áreas inundables y, ciertamente, debes tener un seguro que cubra todos los riesgos principales.

. . .

Además, habla de esto con tu abogado durante el traspaso y lee tu informe detenidamente. Todas estas búsquedas que hacen están destinadas precisamente a mitigar estos riesgos.

Al comprar un apartamento en un bloque de pisos, busca específicamente problemas de revestimiento.

Desafortunadamente, después de incendios o tragedias, muchos bloques de pisos con revestimientos similares se consideran inseguros y requieren trabajos de reparación bastante costosos. Como resultado, los apartamentos en este tipo de lugares se han vuelto no hipotecables y los propietarios no pueden venderlos, ¡evítalos!

Comprar una casa es un compromiso muy grande. Da muchos beneficios, pero viene con una gran obligación. Tú serás responsable de mantener la casa en buen estado y segura y de pagar las reparaciones o los reemplazos si algo se rompe.

. . .

Cómo mitigar: asegúrate de que no haya problemas ocultos cuando compres la casa; ordenar una encuesta puede ahorrar muchos problemas.

El seguro puede cubrir reparaciones mayores. Lee la póliza o discute con la compañía de seguros exactamente qué cubre la póliza. Los pagos mensuales de la hipoteca pueden ser una carga, y si pierdes tu trabajo y no puedes pagarlos, tu casa podría ser embargada. Perderías tu casa, así como el dinero.

También hay maneras de evitarlo. Ten suficientes ahorros para cubrir los pagos de la hipoteca de 3 a 6 meses para sobrevivir el período hasta que encuentres un nuevo trabajo, piensa en contratar un seguro de cuotas hipotecarias y, en el peor de los casos, habla con tu banco lo antes posible para acordar un cronograma temporal y un plan para pagar los atrasos.

Muchas personas mayores recuerdan que en los años 80 y 90 el gobierno mantuvo tasas base altas para controlar la inflación, y las tasas de interés de las hipotecas alcanzaron el 13-15% en algunos años. En el entorno económico actual, es muy poco probable que volvamos a ver tasas hipotecarias como esa ahora, pero ¿y si...? ¿Podrás pagar tu hipoteca si la tasa de interés sube?

Para evitar problemas, tiene sentido fijar la tasa de interés de la hipoteca y mantenerla baja durante algún tiempo, razón por la cual los productos hipotecarios de tasa fija se han vuelto los más populares ahora.

Comprar una casa junto con un socio tiene el riesgo de que su relación se rompa. Si vas a comprar con un amigo, las circunstancias de cualquiera de los dos pueden cambiar: uno quiere quedarse donde está, el otro quiere vender y mudarse a otro lugar. La vida es vida, y estas cosas pueden pasar, pero ¿qué haces?

Analiza los posibles escenarios con anticipación y prepara un acuerdo por escrito. Obtener asesoramiento legal y un contrato preparado por un abogado sería aún mejor, aunque puede costarles algo de dinero. Ser conscientes de los problemas potenciales puede evitar muchos problemas más adelante.

. . .

Bien hecho, ya estás en el primer escalón de la escalera de tu propiedad, pero ¿qué sigue? ¿Planeas quedarte en esta casa indefinidamente? No todas las personas planean cambiar, pero tu familia puede crecer, es posible que cambies de trabajo y desees mudarte a otro lugar, es posible que desees una casa mejor o más grande.

Hay muchas razones por las que las personas se mudan a otra casa, y para aprovechar al máximo tu próxima mudanza, debes planificarla. Puedes decidir que es hora de vender y comprar una casa más grande. Esta es la forma habitual de ascender. Como necesitas vender y comprar al mismo tiempo, tendrás una cadena, lo que puede traer más complicaciones al proceso de compra.

¡Hazlo ahora! Planifica tus próximos cinco años: ¿mudarse o no mudarse? Para evitar esto, puedes probar las siguientes ideas: encuentra un comprador por primera vez para tu antiguo lugar. Funcionó para ti, y podría haber alguien más queriendo comenzar en su propia escalera de propiedad.

. . .

Puedes acordar una fecha de finalización retrasada con tu comprador. Esta podría ser una buena opción para todas las partes, ya que da más certeza. El comprador necesita terminar su alquiler y organizar la mudanza, y tendrá más tiempo para completar su compra y poder planificar todo.

Trata de encontrar un comprador primero. Si el proceso de compra no está listo para el momento de la finalización de tu venta, puedes mudarte a un alojamiento alquilado temporalmente.

Aunque no es tan sencillo, en este caso quizás necesites guardar tus muebles y la mayoría de tus cosas en otro lugar por un tiempo. Si tu posición financiera lo permite, primero puedes comprar una casa nueva y luego tendrás más tiempo y flexibilidad para vender tu antigua casa.

Si no tienes ganas de mudarte cuando finalice tu período de tasa fija o de descuento, es posible que debas considerar volver a hipotecar. La mayoría de las tasas estándar aplicadas por los bancos son mucho más altas, por lo que volver a hipotecar podría ser una opción más económica.

Comienza por ponerte en contacto con el mismo prestamista para analizar la posibilidad de aceptar otro de sus productos, ya que será más rápido y habrá menos papeleo. Sin embargo, también tiene sentido darte una vuelta y ver si puedes encontrar algo más barato.

Por lo general, obtener la segunda hipoteca es mucho más fácil, ya que ya tienes el historial como propietario. Con suerte, tu capital ha aumentado, por lo que también puedes solicitar un depósito más alto y una hipoteca LTV más baja.

Debes planificar tus años futuros de la misma manera que lo hiciste cuando estabas comprando por primera vez. No tiene sentido fijar la hipoteca durante 10 años si planeas vender tu nuevo lugar después de 2 o 3 años.

Si deseas quedarte en tu lugar actual y has acumulado ahorros adicionales y capital en la casa, puedes volver a hipotecar, tomar parte del capital de tu casa y usarlo para comprar una propiedad BTL (comprar para alquilar) para que generes ingresos adicionales.

Esta es una muy buena manera de construir tu riqueza, pero esta es otra historia, ya que es un gran tema en sí mismo, y es posible que debas consultar a tu asesor financiero para evitar errores costosos.

10

Cadena de acciones

PARA EVITAR SENTIRTE ABRUMADO/A por este gran objetivo, concéntrate en una acción específica que te impulsará a lograrlo. No necesitas saberlo todo desde el principio; ajustarás tus acciones y encontrarás soluciones. ¿Cuál es la siguiente acción física que puedes hacer ahora mismo hacia tu meta?

- Registra tus gastos
- Prepara tu presupuesto
- Abre una cuenta de ahorros
- Comienza a ahorrar regularmente
- Regístrate en compañías de calificación crediticia
- Verifica tus registros crediticios
- Solicita una tarjeta de crédito si no tienes una

- Prepara tu propio plan de acción con fechas límite para todas las acciones
- Habla con tu mamá y papá o su abuela; si les presentas tu plan y les muestras los pasos que ya has tomado, probablemente estarán más dispuestos a ayudarte, incluso si no tienen un gran bien propio (aunque lo ideal sería tomar esta decisión cuando seas capaz de enfrentar este gasto independientemente de los ingresos familiares)
- Considera qué acciones puedes tomar para encontrar un ingreso complementario
- Busca en línea un área adecuada, y casas adecuadas a tus necesidades
- Encuentra un asesor hipotecario y organiza una reunión
- Solicita una hipoteca en principio
- Prepara tu tabla con casas adecuadas y realiza análisis
- Organiza visitas
- Prepara preguntas para hacer durante las visitas
- Ve 10 o más casas
- Escribe notas después de cada visita
- Prepara la lista corta para tu decisión
- Aprende más sobre el área(s) para todas las casas preseleccionadas

- Calcula el efectivo requerido y los costos mensuales para las propiedades preseleccionadas
- Prepara la valoración de escritorio para todas las casas en tu lista preseleccionada
- Agenda segundas visitas
- Toma la decisión: 1ª elección (precio deseado - precio máximo), 2ª elección (precio deseado - precio máximo), 3ª elección (precio deseado - precio máximo); el precio máximo debe reflejar tus recursos, así como el nivel en el que pasarás a la siguiente opción
- Realiza tu oferta y negocia
- Encuentra un abogado
- Informa a tu asesor hipotecario y a tu abogado que la oferta ha sido aceptada para que comiencen el proceso
- Organiza la encuesta/revisión o la lista de problemas
- Prepara los documentos para la solicitud de hipoteca
- Prepara los documentos para el abogado
- Busca actualizaciones periódicas
- Firma los documentos de la hipoteca y envíalos de vuelta

- Firma el contrato, el plan de título y otros documentos
- Organiza otra pre-visita de intercambio
- Transfiere el dinero al abogado
- Ponte en contacto con el agente para organizar la recogida de llaves
- ¡Consigue tus llaves!

Hay una lógica en estas pequeñas acciones, y puedes seguirla. ¿Dónde estás en tu viaje? Puedes comenzar con cualquier acción que sientas que es más fácil para ti. ¿Qué otras acciones agregarías?

Conclusión

Estás a unos pocos pasos de obtener las llaves de tu primer hogar. En 100 palabras:

1. Verifica y comienza a construir un historial crediticio.
2. Revisa tu patrón de gastos y cuánto puedes ahorrar por mes.
3. Comienza a ahorrar regularmente.
4. Averigua cuánto puedes pedir prestado y cuánto depósito necesitarás.
5. Prepara tu presupuesto.
6. Conoce a un asesor hipotecario y organiza una oferta hipotecaria en principio.
7. Comienza a buscar tu casa en línea.
8. Organiza visitas.
9. Haz una lista corta de las mejores opciones.

Conclusión

10. Compara opciones y haz una oferta.
11. Busca un abogado.
12. Indica a tu abogado y al corredor hipotecario que inicien el proceso legal.
13. Prepara rápidamente todos los documentos requeridos.
14. Toma las llaves y múdate.

Si no tienes éxito, regresa al paso 7. La disciplina y la constancia serán clave para que logres tu gran objetivo. Bajo los hábitos correctos, eres capaz de lograr esto y más. No te des por vencido/a si las cosas no se resuelven a la primera o no encuentras la casa de tus sueños en tu primer día de búsqueda.

Ahora sabes que tienes muchas opciones, te puedes apegar a un plan sumamente detallado y sabes qué es lo que debes identificar y lo que debes esperar de cada actor involucrado dentro del proceso. Y sabiendo esto, estás preparado/a para enfrentar este reto de la mejor manera.

Ahora nada puede detenerte para encontrar el hogar de tus sueños, para planificar a futuro y asegurar un patrimonio que te permita muchas otras libertades. Sabes lo necesario para dar este gran paso y tomar las decisiones correctas, ¡hazlo!

www.ingramcontent.com/pod-product-compliance
Lightning Source LLC
Chambersburg PA
CBHW072017070526
44583CB00015B/1517